新疆维吾尔自治区
신장웨이우얼자치구

甘肃省
간쑤성

内蒙古自治区
네이멍구자치구

黑龙江省
헤이룽장성

吉林省
지린성

辽宁省
랴오닝성

河北省
허베이성

北京
베이징

天津
톈진

山西省
산시성

山东省
산둥성

宁夏回族自治区
닝샤후이족자치구

青海省
칭하이성

陕西省
산시성

河南省
허난성

江苏省
장쑤성

安徽省
안후이성

上海
상하이

西藏自治区
시짱자치구
(티벳)

四川省
쓰촨성

重庆市
충칭

湖北省
후베이성

浙江省
저장성

湖南省
후난성

江西省
장시성

福建省
푸젠성

台湾
타이완

贵州省
구이저우성

云南省
윈난성

广西壮族自治区
광시좡족자치구

广东省
광둥성

香港
홍콩

澳门
마카오

海南省
하이난성

■ 4개 직할시
■ 5개 자치구
■ 2개 특별행정구

KB158456

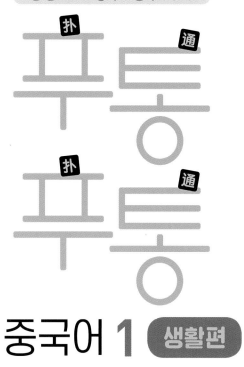

한 권으로 내 중국어 실력도 **UP!**

푸퉁푸퉁

중국어 1 생활편

이혜임 저

시사중국어사

푸퉁푸퉁 중국어 1 생활편

초판발행	2020년 2월 15일
1판 4쇄	2022년 10월 10일

저자	이혜임
편집	최미진, 가석빈, 엄수연, 高霞
펴낸이	엄태상
디자인	이건화
조판	이서영
콘텐츠 제작	김선웅
마케팅본부	이승욱, 왕성석, 노원준, 조성민, 이선민
경영기획	조성근, 최성훈, 정다운, 김다미, 최수진, 오희연
물류	정종진, 윤덕현, 신승진, 구윤주

펴낸곳	시사중국어사(시사북스)
주소	서울시 종로구 자하문로 300 시사빌딩
주문 및 문의	1588-1582
팩스	0502-989-9592
홈페이지	http://www.sisabooks.com
이메일	book_chinese@sisadream.com
등록일자	1988년 2월 12일
등록번호	제300 - 2014 - 89호

ISBN 979-11-5720-166-2 14720
　　　 979-11-5720-165-5(set)

* 이 책의 내용을 사전 허가 없이 전재하거나 복제할 경우 법적인 제재를 받게 됨을 알려 드립니다.
* 잘못된 책은 구입하신 서점에서 교환해 드립니다.
* 정가는 표지에 표시되어 있습니다.

머리말

21세기 글로벌 시대에 전 세계 인구 1위이자 G2 국가인 중국의 언어, 팍스 시니카(Pax Sinica) 시대의 중국어를 배우는 것은 세계인의 필수 교양이라고 할 수 있습니다. 나날이 중시되는 중국어를 유창하게 구사할 수 있다면 매력적인 인재가 될 것입니다. 이 책은 중국어와 중국 문화에 대한 흥미유발적 학습을 통해 국제화의 자질을 함양시키며 중국인과 자유롭게 의사소통할 수 있는 능력을 배양시키는 데에 주안점을 두어 집필되었습니다.

이 책은 대학교 중국어 수업에서 입문 단계에 있는 학습자를 대상으로 현장감을 최대한 살려 중국 현지 생활을 대화의 배경으로 하였고, 한국 유학생이 중국에서 실제로 접할 수 있는 상황으로 전 단원의 내용을 유기적으로 구성하였습니다. 무엇보다 본 책에는 필자가 중국에서 오랜 기간 공부하고 생활하면서 몸소 체험한 여러 상황에 따른 다양한 표현을 담아내었습니다. 또한 대학, 국가 기관 등 중국어 교육 현장에서 20여 년 간 중국어를 지도한 풍부한 경험과 축적된 전문 지식을 바탕으로 보다 쉽고도 실제 활용 가능한 중국어 교재를 만들고자 노력했습니다.

회화에서는 현지에서 사용하는 중국식 표현을 담았고, 듣기, 말하기, 읽기, 쓰기의 반복 학습을 통해 본문과 핵심 문법을 완전히 숙지하고 체화시킬 수 있도록 하였습니다. 또한 HSK와 TSC를 준비하는 학생들의 어휘 확장을 위해 확인 학습과 플러스 단어를 제시하였으며, 특히 사진으로 배우는 중국어와 중국 문화 산책은 실제 중국의 다양한 사진들을 실었습니다. 따라서 중국의 언어와 문화 등 다방면에 걸쳐 설명을 제시하여 학생들의 흥미 유발과 학습 효과 두 가지 측면을 기대할 수 있습니다.

한낱 나비의 날갯짓이 거대한 태풍을 몰고 오듯이 세상의 변화는 아주 작은 것에서부터 시작됩니다. 『푸통푸통 중국어1 생활편』을 통해 매일 꾸준히 공부하고 실력이 향상되어 나비 효과처럼 여러분이 이루고자 하는 소중한 꿈이 언젠가 모두 현실화되기를 소망합니다. 필자는 교재 삽화와 디자인 등 창의적인 편집 작업으로 이 책을 더욱 빛내주신 시사북스 출판사에게 진심으로 감사의 뜻을 전하고 싶습니다.

祝各位美梦成真，前途光明!

여러분의 꿈이 이루어지기를, 더 나은 미래로 나아가기를 바랍니다.

저자 이혜임

차례

이 책의 구성

● 학습 내용 & 사진으로 배우는 중국어

본 과에서 배울 내용을 확인하고, 본문 학습 전 주제와 관련된 사진을 보면서 사진 속 단어를 학습할 수 있습니다. 중국 현지의 모습과 흥미로운 사진을 보면서 가벼운 마음으로 학습을 준비할 수 있습니다.

➤● 학습 포인트

회화 문장 속 중요한 어법 및 문형을 알기 쉽게 제시하였습니다. 쉬운 예문 설명과 Tip으로 학습의 이해를 돕습니다.

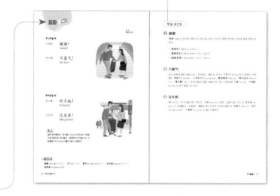

● 회화

1~7과는 각 2개의 본문 회화, 8~12과는 각 3개의 본문 회화로 구성되어 있습니다. 회화 속 단어를 확인하고, 실생활에 필요한 기본적인 회화 표현을 학습할 수 있습니다.

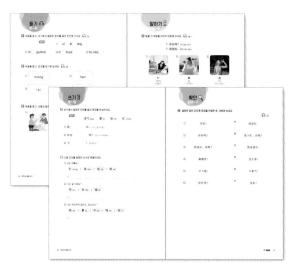

● 확인 학습

듣기, 말하기, 쓰기 문제들로 배웠던 표현을 확인해 보고, 확인 코너에서 어울리는 문장끼리 연결해 보면서 본 단원의 학습 내용을 정리할 수 있습니다. 문장을 반복해서 학습하며 자연스럽게 표현을 암기할 수 있습니다.

● 플러스 단어

본문에 나오지 않았던 주제와 관련된 단어를 학습할 수 있습니다.
좀 더 다양한 단어를 알고, 본문 회화 문장 속 단어와 치환하여 말하기 연습도 할 수 있습니다.

● 중국 문화 산책

중국의 각 지역과 특색을 생생한 사진으로 직접 느낄 수 있습니다.

● [별책 부록] 발음북

본문 학습에 앞서 가장 기본적이고 중요한 중국어 발음을 학습할 수 있습니다.
성모, 운모, 성조 등 발음 연습을 먼저 하면, 부담 없이 본문 표현을 학습할 수 있습니다.

朴大韩 Piáo Dàhán

- 박대한
- 23살, 한국인, 대학생

李秀英 Lǐ Xiùyīng

- 이수영
- 23살, 한국인, 대학생

马克 Mǎkè

- 마르크
- 23살, 독일인, 대학생

宋丽丽 Sòng Lìli

- 송리리
- 23살, 중국인, 대학생

张老师 Zhāng lǎoshī

- 장 선생님
- 중년 여성, 대학 교수

李老师 Lǐ lǎoshī

- 이 선생님
- 중년 남성, 대학 교수

품사

명	명사	접	접속사
대	대명사	전	전치사(개사)
동	동사	조	조사
형	형용사	감	감탄사
조동	조동사	수	수사
부	부사	양	양사

UNIT 01

你好!

Nǐ hǎo!

안녕하세요!

학습 목표

1. 기본 인사 표현 你好!
2. 시간대별 인사 老师早!
3. 헤어질 때 하는 인사 再见!

푸동개발구(浦东开发区)전경 및 황푸강(黄浦江)

사진으로
배우는
중국어

중국의 수도

北京
Běijīng
베이징

上海
Shànghǎi
상하이

深圳
Shēnzhèn
션전

广州
Guǎngzhōu
광저우

天津
Tiānjīn
톈진

重庆
Chóngqìng
충칭

회화 1 💬

➕ **만났을 때**

朴大韩　　**你好！**
　　　　　　Nǐ hǎo!

宋丽丽　　**你好！**
　　　　　　Nǐ hǎo!

〰️ **새 단어**

你 nǐ 대 너, 당신 ｜ **好** hǎo 형 좋다

학습 포인트

❶ 중국어 이름 표기

한어병음으로 이름을 쓸 때, 성과 이름의 첫 글자는 대문자로 표기한다.

巩俐 Gǒng Lì 공리   成龙 Chéng Lóng 성룡   周润发 Zhōu Rùnfā 주윤발

❷ 你好!

'你好! Nǐ hǎo!'는 시간, 장소, 신분에 관계없이 일반적으로 쓰이는 인사말이다. '好 hǎo' 앞에 다양한 호칭을 사용하여 인사 표현을 말할 수 있다.

● 老师好! Lǎoshī hǎo! 선생님, 안녕하세요!

● 您好! Nín hǎo! 안녕하세요!

● 王兰, 你好! Wáng Lán, nǐ hǎo! 왕란, 안녕!

> **TIP** **'你好!'와 '您好!'**
> 중국어에도 반말과 높임말이 있을까? '你好! Nǐ hǎo!'는 '안녕하세요!'라는 뜻으로 친구나 할아버지 등 누구에게나 사용할 수 있다. 그러나 상대가 처음 만난 사이이거나 연장자 혹은 지위가 높은 사람이라면, '你 nǐ'의 존칭인 '您 nín'을 써서 '您好! Nín hǎo!'라고 인사하면 된다.

❸ 제3성의 성조 변화1

제3성 뒤에 제3성이 오면, 실제로는 제2성 + 제3성으로 읽는다. 이때, 성조 부호의 표기는 바뀌지 않는다.

	표기		→	실제 발음	
	제3성 +	제3성		제2성 +	제3성
你好	Nǐ	hǎo		Ní	hǎo
很好	Hěn	hǎo		Hén	hǎo

회화 2

➕ 아침에 만났을 때

同学们	老师，您早！
	Lǎoshī, nín zǎo!

李老师	你们早！
	Nǐmen zǎo!

➕ 헤어질 때

同学们	老师，再见！
	Lǎoshī, zàijiàn!

李老师	明天见！
	Míngtiān jiàn!

 새 단어

同学 tóngxué 명 급우, 학생 | 们 men 조 ~들 | 老师 lǎoshī 명 선생님 | 您 nín 대 당신(존칭) |
早 zǎo 형 이르다 | 再见 zàijiàn 또 만나 | 明天 míngtiān 명 내일 | 见 jiàn 동 만나다, 보다

❶ 아침 인사 '早'

'早 zǎo'는 '이르다'라는 뜻으로 여기서는 아침 인사말인 '좋은 아침이에요!'라는 뜻으로 쓰였다.
아침 인사 표현으로는 '早! Zǎo!', '你早! Nǐ zǎo!', '早上好! Zǎoshang hǎo!' 등이 있다.

- 早上好! Zǎoshang hǎo! 안녕! [아침 인사]
- 下午好! Xiàwǔ hǎo! 안녕! [오후 인사]
- 晚上好! Wǎnshang hǎo! 안녕! [저녁 인사]

❷ 인칭대명사의 단·복수 형태

복수어미조사 '们 men'은 사람을 나타내는 명사나 대명사 뒤에 놓여 '~들'이라는 복수를 나타
낸다.

구분	단수	복수
1인칭대명사	我 wǒ 나	我们 wǒmen 우리들
2인칭대명사	你 nǐ 너, 당신	你们 nǐmen 너희들
	您 nín ('你'의 존칭)	您们 nínmen (X)
3인칭대명사	他 tā 그	他们 tāmen 그들
	她 tā 그녀	她们 tāmen 그녀들
	它 tā 그것(사물, 동·식물)	它们 tāmen 그것들

━ 참고 단어

早上 zǎoshang 명 아침 | **下午** xiàwǔ 명 오후 | **晚上** wǎnshang 명 저녁, 밤 | **我** wǒ 대 나 | **他** tā 대 그 |
她 tā 대 그녀 | **它** tā 대 그것(사물, 동·식물)

듣기 🎧
听一听

1 녹음을 듣고, 보기에서 알맞은 성모를 골라 빈칸에 쓰세요. 🔊 01-03

보기   s   t   z   j   sh

1) lǎo[　]ī　　　　2) [　]óngxué　　　　3) zài[　]iàn

2 녹음을 듣고, 성조를 표기해 보세요. 🔊 01-04

1)   zao   2)   nin   3)   mingtian

3 녹음을 듣고, 내용과 일치하는 그림에 V표를 하세요. 🔊 01-05

1) ❶

❷

2) ❶

❷

말하기 🎤

说一说

1 밑줄 친 부분을 바꾸어 말해 보세요. 🔊 01-06

您好！Nín hǎo!

1)

老师
lǎoshī
선생님

2)

大家
dàjiā
여러분

3)

同学们
tóngxuémen
학생들

2 헤어질 때 하는 인사를 말해 보세요. 🔊 01-07

再 Zài

明天 Míngtiān   见 jiàn ！

下周 Xiàzhōu

3 두 명씩 한 조가 되어 만날 때와 헤어질 때의 인사를 말해 보세요.

A: 你好！ Nǐ hǎo!   A: 再见！ Zàijiàn!

B: 你好！ Nǐ hǎo!   B: 明天见！ Míngtiān jiàn!

🔖 참고 단어

下周 xiàzhōu 명 다음 주

쓰기

写一写

1 보기에서 알맞은 단어를 골라 문장을 완성하세요.

> **보기**
>
> 早上 zǎoshang   见 jiàn   老师 lǎoshī   大家 dàjiā

1) ＿＿＿＿＿＿＿＿, 您好！ 선생님, 안녕하세요!

2) ＿＿＿＿＿＿＿ 好！ 좋은 아침이에요!

3) 同学们，再＿＿＿＿＿＿＿！ 학생 여러분, 또 만나요!

2 다음 단어를 알맞은 순서로 배열하세요.

1) 여러분 안녕하세요!

　　好 hǎo ／ 你们 nǐmen

　　➡ ＿＿＿＿＿＿＿＿＿＿＿＿＿＿＿＿＿

2) 학생 여러분, 안녕하세요!

　　好 hǎo ／ 同学们 tóngxuémen

　　➡ ＿＿＿＿＿＿＿＿＿＿＿＿＿＿＿＿＿

3) 내일 만나요!

　　见 jiàn ／ 明天 míngtiān

　　➡ ＿＿＿＿＿＿＿＿＿＿＿＿＿＿＿＿＿

확인

总结一下

🏵 알맞은 말이 되도록 문장을 연결한 후, 대화해 보세요.

01-08

1) 同学们好!

2) 再见!

3) 下周见!

4) 你早!

5) 晚上好!

6) 下午好!

A 明天见!

B 老师好!

C 下午好!

D 晚上好!

E 早上好!

F 下周见!

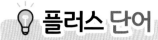

凌晨
língchén
이른 새벽, 동틀 무렵

早上
zǎoshang
아침

上午
shàngwǔ
오전

中午
zhōngwǔ
정오

下午
xiàwǔ
오후

晚上
wǎnshang
저녁, 밤

深夜
shēnyè
늦은 밤

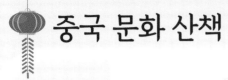

중국 문화 산책

상하이(上海)

상하이(**上海** Shànghǎi)는 금융과 상업이 중심을 이루고 있는 항구도시이다. 상하이의 어민들이 물고기를 잡는 도구인 후(**扈**, 대어살)를 발명해 이 지역을 '후두(**扈渎**)'라고 불렀고 훗날 '후(**扈**)'와 같은 발음의 '후(**沪** Hù)'를 약칭으로 사용하게 되었다.

오늘날 상하이는 런던, 뉴욕, 베를린, 시카고, 도쿄에 이은 세계 6대 국제도시이다.

동방명주탑
(468m)

+ **와이탄(外滩)**
'와이(外)'는 강의 하류, '탄(滩)'은 강변을 뜻하며 황푸강변을 따라 서양 열강이 조계지를 조성한 곳이다.

진마오따샤(金茂大厦) (88층, 420.5m)

상하이 국제금융센터
(101층, 492m)

상하이 타워
(120층, 632m)

+ **상하이 3대 건축물**

+ **환치우강(环球港)**
상하이 최대 쇼핑몰 상하이 글로벌 하버

UNIT
02

谢谢!

Xièxie!

감사합니다!

학습 목표

1. 감사의 표현 谢谢!
2. 사과의 표현 对不起!
3. 안부 묻기 你好吗?

만리장성(长城)

사진으로
배우는
중국어

汉堡王
Hànbǎowáng
버거킹

麦当劳
Màidāngláo
맥도날드

家乐福
Jiālèfú
까르푸

必胜客
Bìshèngkè
피자헛

회화 1 💬

02-01

➕ 고마울 때

宋丽丽   谢谢!
        Xièxie!

朴大韩   不客气!
        Bú kèqi!

➕ 미안할 때

朴大韩   对不起!
        Duìbuqǐ!

宋丽丽   没关系!
        Méi guānxi!

참고
실제 중국에서는 '对不起! Duìbuqǐ!'보다는 가벼운
사과 표현으로 '부끄럽다', '겸연쩍다'의 뜻을 지닌 '不
好意思! Bù hǎoyìsi!'를 더 많이 사용한다.

🐛 새 단어

谢谢 xièxie 통 감사합니다 | **不** bù 부 아니다 | **客气** kèqi 형 예의를 차리다 | **对不起** duìbuqǐ 미안하다 |
没关系 méi guānxi 괜찮다

❶ 谢谢!

'谢谢 xièxie'는 감사의 표현으로 단독으로 주로 쓰이거나 뒤에 감사하는 대상을 붙여 말하기도 한다.

- 谢谢你! Xièxie nǐ! 감사합니다!
- 谢谢你们! Xièxie nǐmen! 여러분, 감사합니다!
- 谢谢老师! Xièxie lǎoshī! 선생님, 감사합니다!

❷ 不客气!

감사 표현에 대한 대답으로는 '천만에요', '뭘요'의 의미로 '不客气! Bú kèqi!'라고 말한다. 이외에도 '别客气! Bié kèqi!', '不用客气! Bú yòng kèqi!', '哪里哪里! Nǎli nǎli!', '哪儿的话! Nǎr de huà!', '哪儿啊! Nǎr a!' 등의 겸양의 말을 사용하기도 하고, 간단하게 '不谢! Bú xiè!', '不用谢! Bú yòng xiè!'라고 말할 수도 있다.

❸ 没关系!

'没 méi'는 '~이/가 없다'라는 뜻이고, '关系 guānxi'는 '관계', '상관'이라는 뜻으로 '没关系 méi guānxi'는 '관계없다', '상관없다', '괜찮다'라는 뜻이다. 비슷한 표현으로 '没事儿! Méi shìr!', '没什么! Méi shénme!', '不要紧! Bú yào jǐn!'도 많이 사용한다.

회화 2

张老师　你好吗?
　　　　Nǐ hǎo ma?

李老师　我很好。你呢?
　　　　Wǒ hěn hǎo. Nǐ ne?

张老师　我也很好。你忙吗?
　　　　Wǒ yě hěn hǎo. Nǐ máng ma?

李老师　我很忙。
　　　　Wǒ hěn máng.

참고

'很好。Hěn hǎo.'는 상황에 따라 '잘 지내다',
'잘 했어', '좋다' 등의 의미로 사용한다.

새 단어

吗 ma 조 ~합니까? ｜ 我 wǒ 대 나 ｜ 很 hěn 부 매우 ｜ 呢 ne 조 ~는? (의문문 끝에 쓰여 의문의 어기를 나타냄) ｜
也 yě 부 ~도, ~역시 ｜ 忙 máng 형 바쁘다

① 의문조사 '吗'와 '呢'

'吗 ma'는 문장 끝에 쓰여 의문문을 만들고, '呢 ne'는 보통 명사 뒤에 쓰여 앞의 내용을 생략하여 물을 때 사용한다.

	위치	뜻	예문
吗 ma	문장 끝	~합니까?	A: 你忙吗? Nǐ máng ma? 바쁜가요? B: 我很忙。 Wǒ hěn máng. 바빠요.
呢 ne	명사 뒤	~은요?	A: 我很累, 你呢? 저는 피곤해요. 당신은요? Wǒ hěn lèi, nǐ ne? B: 我也很累。 저도 피곤해요. Wǒ yě hěn lèi.

② 형용사술어문

형용사가 술어로 쓰인 문장을 '형용사술어문'이라고 한다. 긍정문에서 형용사가 술어가 될 때, 형용사는 단독으로 사용할 수 없으며 반드시 앞에 부사(很 hěn 등)를 붙인다. 이때 부사 '很'의 의미는 약하다.

- 我很忙。 Wǒ hěn máng. 나는 바쁘다.
- 我很渴。 Wǒ hěn kě. 나는 목이 마르다.
- 他不累。 Tā bú lèi. 그는 피곤하지 않다.

③ 제3성의 성조 변화 2

제3성 뒤에 제1성, 제2성, 제4성, 경성이 오면, 앞의 제3성은 반3성으로 읽는다.

<표기>   <실제 발음>
제3성 + 제1성, 제2성, 제4성, 경성 → 반3성 + 제1성, 제2성, 제4성, 경성

듣기 🎧
听一听

1 녹음을 듣고, 보기에서 알맞은 운모를 골라 빈칸에 쓰세요. 🎧 02-03

> 보기   i   uì   éi   áng

1) m⬜ guānxi   2) d⬜ buqǐ   3) bú kèq⬜

2 녹음을 듣고, 성조를 표기해 보세요. 🎧 02-04

1) mang   2) hen

3) l e i   4) ye

3 녹음을 듣고, 내용과 일치하는 그림을 찾아 번호를 쓰세요. 🎧 02-05

1)    2)    3)

말하기 🎤
说一说

1 밑줄 친 부분을 바꾸어 대화해 보세요. 🎧 02-06

A: 你好吗? Nǐ hǎo ma?

B: 我很好。 Wǒ hěn hǎo.

1)

忙
máng
바쁘다

2)

累
lèi
피곤하다

3)

渴
kě
목이 마르다

2 다음 중국어에 알맞은 발음과 뜻을 연결하여 말해 보세요.

1) 谢谢!   Méi guānxi!   감사합니다!

2) 不客气!   Bú kèqi!   별말씀을요!

3) 对不起!   Xièxie!   미안합니다!

4) 没关系!   Duìbuqǐ!   괜찮습니다!

3 두 명이 한 조가 되어 서로 안부를 묻고, 감사와 사과의 표현을 해 보세요.

A: 谢谢! Xièxie!

B: 不客气! Bú kèqi!

A: 对不起! Duìbuqǐ!

B: 没关系! Méi guānxi!

쓰기 ✏️
写一写

1 보기에서 알맞은 단어를 골라 문장을 완성하세요.

> **보기**
>
> 客气 kèqi   累 lèi   很 hěn   忙 máng

1) 我 ＿＿＿＿＿＿ 好。 나는 잘 지내요.

2) 你也 ＿＿＿＿＿＿ 吗? 당신도 바쁘세요?

3) 不 ＿＿＿＿＿＿ ! 천만에요!

2 다음 단어를 알맞은 순서로 배열하세요.

1) 나도 바빠요.

忙 máng / 很 hěn / 也 yě / 我 wǒ

➡ ＿＿＿＿＿＿＿＿＿＿＿＿＿＿＿＿＿＿＿＿＿

2) 그는 잘 지내요?

吗 ma / 好 hǎo / 他 tā

➡ ＿＿＿＿＿＿＿＿＿＿＿＿＿＿＿＿＿＿＿＿＿

3) 나는 피곤하지 않아요. 당신은요?

我 wǒ / 累 lèi / 不 bù / 呢 ne / 你 nǐ

➡ ＿＿＿＿＿＿＿＿＿＿＿＿＿＿＿＿＿＿＿＿＿

확인 🔍
总结一下

🌸 알맞은 말이 되도록 문장을 연결한 후, 대화해 보세요.

🎧 02-07

1)   你好!

2)   你好吗?

3)   我很好,你呢?

4)   谢谢你!

5)   对不起!

6)   你忙吗?

A   我很好。

B   我不忙,你呢?

C   我也很好。

D   没关系!

E   不客气!

F   你好!

辛苦了!
Xīnkǔ le!

수고하셨습니다!

请问。
Qǐngwèn.

실례합니다.
(길을 물어 볼 때나 남의 사무실에서 누군가를 찾을 때)

劳驾!
Láojià!

실례합니다!
(길을 물어 볼 때나 앞사람에게 길을 비켜달라고 할 때)

麻烦你了!
Máfan nǐ le!

폐를 끼쳤습니다! / 번거롭게 해 드리네요!

不好意思。
Bù hǎoyìsi.

미안합니다. / 쑥스럽네요.

失陪了。
Shīpéi le.

실례하겠습니다.
(모임에서 잠시 자리를 뜰 때)

중국 문화 산책

베이징(北京)

중국의 수도 베이징(北京 Běijīng)은 정치, 문화, 관광의 중심지로, 원나라 이후 900년 가까이 과거 찬란했던 제국의 영광을 고스란히 간직하고 있는 역사적인 도시이다. 베이징 여행의 묘미는 중국식 권력과 정치의 향내를 얼마나 맡느냐에 달려 있다.

✛ 구궁(故宮)

✛ 왕푸징(王府井)

✛ 이허위안(颐和园)

✛ 톈탄공원(天坛公园)

✛ 쓰허위안(四合院)

✛ 옛 베이징 골목(老北京胡同)

UNIT 03

你是哪国人?

Nǐ shì nǎ guó rén?

당신은 어느 나라 사람입니까?

학습 목표

1. 국적 묻기 你是哪国人?
2. 성과 이름 묻기 您贵姓?
3. 반가움 표현하기 认识您很高兴。

타이완(台湾)의 지우펀(九份)
일본 애니메이션 〈센과 치히로의 행방불명(2002)〉의 공간적 배경

사진으로
배우는
중국어

美国
Měiguó
미국

中国
Zhōngguó
중국

法国
Fǎguó
프랑스

韩国
Hánguó
한국

日本
Rìběn
일본

🎧 03-01

马克　你是中国人吗?
　　　Nǐ shì Zhōngguórén ma?

李秀英　我不是中国人。
　　　　Wǒ bú shì Zhōngguórén.

马克　你是哪国人?
　　　Nǐ shì nǎ guó rén?

李秀英　我是韩国人。
　　　　Wǒ shì Hánguórén.

✏ 새 단어

是 shì 통 ~이다 | **中国人** Zhōngguórén 명 중국인 | **哪** nǎ 때 어느 | **国** guó 명 나라 | **人** rén 명 사람 |
韩国人 Hánguórén 명 한국인

학습 포인트

❶ '是'자문

'是 shì'가 술어로 쓰인 문장을 '是'자문이라고 한다. '是'은 '~이다'라는 뜻의 동사로 설명이나 판단을 나타낸다. '是'자문의 부정형은 '是' 앞에 부정 부사 '不 bù'를 붙인다.

> 긍정 我是学生。나는 학생이다.
> Wǒ shì xuésheng.

> 부정 他不是老师。그는 선생님이 아니다.
> Tā bú shì lǎoshī.

❷ 의문대명사 '哪'

'哪 nǎ'는 의문대명사로 '어느'라는 뜻이다. 어순은 평서문과 같으며 문장 끝에는 의문조사 '吗 ma'를 붙이지 않는다.

> ◦ A: 你是哪国人? 너는 어느 나라 사람이야?
> Nǐ shì nǎ guó rén?

> B: 我是美国人。나는 미국인이야.
> Wǒ shì Měiguórén.

⌐ 참고 단어

学生 xuésheng 명 학생 | **美国人** Měiguórén 명 미국인

03-02

宋丽丽 老师，您贵姓？
Lǎoshī, nín guì xìng?

张老师 我姓张。你叫什么名字？
Wǒ xìng Zhāng. Nǐ jiào shénme míngzi?

宋丽丽 我姓宋，叫宋丽丽。
Wǒ xìng Sòng, jiào Sòng Lìli.

认识您，很高兴。
Rènshi nín, hěn gāoxìng.

张老师 认识你，我也很高兴。
Rènshi nǐ, wǒ yě hěn gāoxìng.

-• 새 단어

贵 guì 형 귀하다, 비싸다 | **姓** xìng 동 성이 ~이다 | **叫** jiào 동 ~라고 부르다 | **什么** shénme 대 무엇, 무슨 |
名字 míngzi 명 이름 | **认识** rènshi 동 (사람, 글자, 길 등을) 알다 | **高兴** gāoxìng 형 반갑다, 기쁘다

❶ 您贵姓?

연장자나 처음 만난 사람의 성함을 묻는 표현이다.

중국에서는 윗사람이나 처음 만난 사람에게는 이름을 묻지 않고 성만 묻는 것이 예의이다. 대답을 할 때에는 '我姓…, 叫…。 Wǒ xìng …, jiào ….'라고 한다. 여기서 주의할 점은 제3자에게 물을 때에는 '他贵姓?'이라고 하지 않고, '他姓什么? Tā xìng shénme?'라고 표현해야 한다.

- A: 您贵姓? 성함이 어떻게 되세요?
  Nín guì xìng?

- B: 我姓朴, 叫朴大韩。 제 성은 박이고, 이름은 박대한입니다.
  Wǒ xìng Piáo, jiào Piáo Dàhán.

- A: 他姓什么? 그의 성은 무엇입니까?
  Tā xìng shénme?

- B: 他姓张。 그의 성은 장입니다.
  Tā xìng Zhāng.

❷ 你叫什么名字?

윗사람이 아랫사람에게 또는 젊은이들 간에 이름을 물을 때 쓰는 표현이다.

- A: 你叫什么名字? 당신의 이름은 무엇입니까?
  Nǐ jiào shénme míngzi?

- B: 我叫朴大韩。 저는 박대한이라고 합니다.
  Wǒ jiào Piáo Dàhán.

❸ 의문대명사를 사용한 의문문

'什么 shénme(무엇)', '谁 shéi(누구)', '哪儿 nǎr(어디)', '哪 nǎ(어느)' 등의 의문대명사를 사용하여 의문문을 만들 수 있다.

어순은 평서문과 같으며, 문장 끝에는 의문조사 '吗 ma'를 붙이지 않는다.

- 这是什么? Zhè shì shénme? 이것은 무엇입니까?
- 他是谁? Tā shì shéi? 그는 누구입니까?

참고 단어

这 zhè 대 이, 이것 | 谁 shéi 대 누구

듣기 🎧
听一听

1 녹음을 듣고, 보기에서 알맞은 성모를 골라 빈칸에 쓰세요. 〔03-03〕

보기   sh   z   j   zh   g

1) ☐ōngguó

2) ☐énme

3) ☐iào

4) míng☐i

2 녹음을 듣고, 성조를 표기해 보세요. 〔03-04〕

1) gui

2) na

3) Hanguo

4) bu shi

3 녹음을 듣고, 내용과 일치하는 그림에 V표를 하세요. 〔03-05〕

1)

❶   ❷   ❸

2)

❶   ❷   ❸

말하기 🎙
说一说

1 밑줄 친 부분을 바꾸어 대화해 보세요. 🔊 03-06

A: 他(她)是哪国人?　Tā(Tā) shì nǎ guó rén?

B: 他(她)是<u>韩国人</u>。　Tā(Tā) shì <u>Hánguórén</u>.

1)

中国人
Zhōngguórén
중국인

2)

美国人
Měiguórén
미국인

3)

日本人
Rìběnrén
일본인

2 밑줄 친 부분에 문장을 넣어 묻고 답해 보세요.

1) A: ＿＿＿＿＿＿＿＿＿＿＿＿＿

B: 我姓宋，叫宋丽丽。　Wǒ xìng Sòng, jiào Sòng Lìli.

2) A: 你是中国人吗?　Nǐ shì Zhōngguórén ma?

B: ＿＿＿＿＿＿＿＿＿＿＿＿＿

3) A: ＿＿＿＿＿＿＿＿＿＿＿＿＿

B: 认识你，我也很高兴。　Rènshi nǐ, wǒ yě hěn gāoxìng.

3 자신의 이름과 국적을 중국어로 소개해 보세요.

我叫 ＿＿＿＿ 。我是 ＿＿＿＿ 人。

Wǒ jiào ＿＿＿＿ . Wǒ shì ＿＿＿＿ rén.

쓰기 ✏️
写一写

1 보기에서 알맞은 단어를 골라 문장을 완성하세요.

보기

什么 shénme   哪 nǎ   叫 jiào   贵 guì   姓 xìng

1) 我 _____ 宋， _____ 宋丽丽。 제 성은 송이고,이름은 송리리입니다.

2) 您 _____ 姓？ 성함이 어떻게 되세요?

3) 你是 _____ 国人？ 당신은 어느 나라 사람입니까?

2 다음 단어를 알맞은 순서로 배열하세요.

1) 당신의 이름이 무엇입니까?

什么 shénme / 名字 míngzi / 叫 jiào / 你 nǐ

➡ _____

2) 그의 성은 무엇인가요?

什么 shénme / 姓 xìng / 他 tā

➡ _____

3) 만나서 반가워요!

高兴 gāoxìng / 你 nǐ / 很 hěn / 认识 rènshi

➡ _____

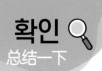

알맞은 말이 되도록 문장을 연결한 후, 대화해 보세요.

03-07

1)	您贵姓？	A 他姓李。
2)	认识你，很高兴。	B 我姓金。
3)	你的老师姓什么？	C 她叫宋丽丽。
4)	她叫什么名字？	D 认识你，我也很高兴。

03-08

1)	你是哪国人？	A 是。她是我朋友。
2)	他也是韩国人吗？	B 对。他是我的老师。
3)	她是你朋友吗？	C 他不是韩国人，他是中国人。
4)	他是你的老师吗？	D 我是韩国人。

참고 단어

的 de 조 ~의 │ **朋友** péngyou 명 친구 │ **对** duì 형 맞다

墨西哥
Mòxīgē
멕시코

巴西
Bāxī
브라질

新加坡
Xīnjiāpō
싱가포르

英国
Yīngguó
영국

德国
Déguó
독일

西班牙
Xībānyá
스페인

加拿大
Jiānádà
캐나다

意大利
Yìdàlì
이탈리아

俄罗斯
Éluósī
러시아

澳大利亚
Àodàlìyà
호주

중국 문화 산책

타이완(台湾 Táiwān)은 청일전쟁 이후 일본의 최초 식민지가 되었으며, 1949년 국공 내전에 패배한 국민당의 장제스(蒋介石 Jiǎng Jièshí) 정권이 축출되어 성립된 국가이다. 그러나 '하나의 중국'을 지향하는 중국은 타이완의 영유권을 주장하고 있다.

+ 중정기념당(中正纪念堂)
'중정(中正)'은 '장제스'의 호이다.

+ 국립고궁박물원(国立故宫博物院)

+ 예류지질공원(野柳地质公园)

+ 스펀(十分) 옛 거리

UNIT 04

我要一杯美式咖啡。

Wǒ yào yì bēi měishì kāfēi.

아메리카노 한 잔 주세요.

학습 목표

1. 음식 주문하기 你要什么?
2. 음식 권유하기 你吃什么?
3. 차 마시기 我喝普洱茶。

'딤섬'은 광동어이며, 표준어로는
'点心 diǎnxīn'이라고 한다.

사진으로
배우는
중국어

星巴克
Xīngbākè
스타벅스

可口可乐
Kěkǒu kělè
코카콜라

外卖
wàimài
배달 음식

龙井茶
lóngjǐngchá
롱징차

普洱茶
pǔ'ěrchá
푸얼차

회화 1 💬

售货员　**您要什么？**
　　　　Nín yào shénme?

李秀英　**一杯美式咖啡，多少钱？**
　　　　Yì bēi měishì kāfēi, duōshao qián?

售货员　**三十块。**
　　　　Sānshí kuài.

李秀英　**来两杯。**
　　　　Lái liǎng bēi.

⌒ 새 단어

售货员 shòuhuòyuán 명 판매원 | **要** yào 동 원하다, 필요하다 | **杯** bēi 양 잔 명 컵 | **美式咖啡** měishì kāfēi
명 아메리카노 | **多少** duōshao 대 얼마 | **钱** qián 명 돈 | **块(元)** kuài(yuán) 위안(중국 화폐 단위) | **来** lái 동 주
세요, 오다 | **两** liǎng 수 2, 둘

학습 포인트

① 동사 '要'

동사 '要 yào'는 '원하다', '필요하다'라는 뜻인데, 물건을 구입할 때는 '주세요'라는 뜻으로도 사용된다. 이때 '买 mǎi', '来 lái'도 '要'와 같은 뜻을 지닌다.

- 我要一瓶可乐。 Wǒ yào yì píng kělè. 저는 콜라 한 병 주세요.
- 我买一个面包。 Wǒ mǎi yí ge miànbāo. 저는 빵 한 개 주세요.
- 来一杯咖啡。 Lái yì bēi kāfēi. 커피 한 잔 주세요.

② 양사(量词)

양사란 사람이나 사물을 세는 단위를 말한다. 중국어에서는 수사가 명사를 직접적으로 수식하지 못하므로 수사와 명사 사이에 반드시 양사가 놓이게 된다.

수사 + 양사 + 명사

- 一瓶可乐 yì píng kělè 콜라 한 병
- 一个人 yí ge rén 한 사람
- 一本书 yì běn shū 책 한 권

③ 중국의 화폐 단위

중국의 화폐(人民币 Rénmínbì) 단위는 말할 때와 글로 쓸 때 다르게 표현한다.

구어체(말할 때)	块 kuài	毛 máo	分 fēn
문장체(글로 쓸 때)	元 yuán	角 jiǎo	分 fēn

(＊1元 = 10角 = 100分)

- ￥183.5 → 一百八十三块五毛 yìbǎi bāshísān kuài wǔ máo
- ￥209 → 两百零九块 liǎngbǎi líng jiǔ kuài
- ￥2009 → 两千零九块 liǎngqiān líng jiǔ kuài

TIP 화폐 읽는 법
- 금액 중간에 '0(零 líng)'이 있는 경우, 그 개수와 상관없이 한 번만 읽는다.
- '0'으로 끝나는 숫자일 경우 마지막 단위를 생략할 수 있다.
 예 180块 → 一百八十块 또는 一百八

참고 단어

瓶 píng 양 병 | 买 mǎi 동 사다 | 个 ge 양 개, 명(사물이나 사람을 세는 단위) | 面包 miànbāo 명 빵 |
本 běn 양 권 | 书 shū 명 책 | 百 bǎi 수 100, 백 | 千 qiān 수 1000, 천

马克　你吃什么?
Nǐ chī shénme?

宋丽丽　我吃面条。你呢?
Wǒ chī miàntiáo. Nǐ ne?

马克　我吃饺子。 你喝什么?
Wǒ chī jiǎozi.　Nǐ hē shénme?

宋丽丽　我喝普洱茶。
Wǒ hē pǔ'ěrchá.

🖋 새 단어

吃 chī 동 먹다 ｜ 面条 miàntiáo 명 국수 ｜ 饺子 jiǎozi 명 교자, 만두 ｜ 喝 hē 동 마시다 ｜
普洱茶 pǔ'ěrchá 명 푸얼차

❶ 동사술어문

동사가 술어로 쓰인 문장을 '동사술어문'이라 한다. 일반적으로 동사의 뒤에는 목적어가 놓인다.

- 他来。 Tā lái. 그는 온다.
- 我吃米饭。 Wǒ chī mǐfàn. 나는 쌀밥을 먹는다.
- 我喝茶。 Wǒ hē chá. 나는 차를 마신다.

❷ 의문대명사의 종류

의문대명사의 종류에는 다음의 10가지가 있다. 의문대명사를 사용한 의문문은 의문조사 '吗 ma'를 붙이지 않는다.

什么 shénme 무엇	你吃什么? Nǐ chī shénme? 당신은 무엇을 드실 거예요?
多少 duōshao 얼마	这个多少钱? Zhè ge duōshao qián? 이거 얼마예요?
几 jǐ 몇	你喝几杯咖啡? Nǐ hē jǐ bēi kāfēi? 커피 몇 잔 드세요?
哪 nǎ 어느	你是哪国人? Nǐ shì nǎ guó rén? 당신은 어느 나라 사람이에요?
谁 shéi 누구	他是谁? Tā shì shéi? 그는 누구입니까?
哪儿 nǎr 어디	你去哪儿? Nǐ qù nǎr? 어디 가세요?
什么时候 언제 shénme shíhou	你什么时候吃饭? 당신은 언제 밥을 먹나요? Nǐ shénme shíhou chī fàn?
怎么 zěnme 어떻게	怎么吃? Zěnme chī? 어떻게 먹나요?
为什么 wèi shénme 왜	你为什么不去? Nǐ wèi shénme bú qù? 당신은 왜 안 가요?
怎么样 어떠한가 zěnmeyàng	我们喝中国茶，怎么样? 우리 중국차 마시는 게 어때요? Wǒmen hē Zhōngguóchá, zěnmeyàng?

⌒● 참고 단어

米饭 mǐfàn 명 쌀밥 | **去** qù 동 ~에 가다 | **饭** fàn 명 밥, 식사 | **茶** chá 명 차(음료)

듣기 🎧
听一听

1 녹음을 듣고, 보기에서 알맞은 한어병음을 골라 쓰세요. 🔊 04-03

> **보기**   hē   chī   kě   shénme

1) _____   2) _____   3) _____

2 녹음을 듣고, 성조를 표기해 보세요. 🔊 04-04

1) miantiao

2) jiaozi

3) duoshao

4) liang bei

3 녹음을 듣고, 내용과 일치하는 그림에 V표시 하세요. 🔊 04-05

1) ❶ ❷ ❸

2) ❶ ❷ ❸

말하기 🎙️
说一说

1 밑줄 친 부분을 바꾸어 대화해 보세요. 🔊 04-06

A: 你吃什么? Nǐ chī shénme?
B: 我吃<u>饺子</u>。 Wǒ chī jiǎozi.

1)

小笼包
xiǎolóngbāo
샤오롱빠오

2)

炸酱面
zhájiàngmiàn
자장면

3)

麻婆豆腐
mápódòufu
마파두부

2 밑줄 친 부분을 바꾸어 말해 보세요. 🔊 04-07

我要<u>一杯</u> <u>咖啡</u>。 Wǒ yào yì bēi kāfēi.

1)

一瓶 / 啤酒
yì píng / píjiǔ
맥주 한 병

2)

一瓶 / 矿泉水
yì píng / kuàngquánshuǐ
생수 한 병

3)

一个 / 汉堡包
yí ge / hànbǎobāo
햄버거 한 개

3 아래 제시된 물건의 금액을 보고, 가격을 묻고 대답해 보세요.

A: 多少钱?
duōshao qián?
B: 块。
kuài.

Menu

矿泉水/一瓶⋯⋯5.5元	汉堡包/一个⋯⋯25元
美式咖啡/一杯⋯⋯34元	面包/一个⋯⋯9.6元

쓰기 🖍️
写一写

1 보기에서 알맞은 단어를 골라 문장을 완성하세요.

보기

什么 shénme   吃 chī   来 lái   杯 bēi   喝 hē

1) 我 _____ 茶。   나는 차를 마신다.

2) 你要 _____ ？   무엇을 드릴까요?

3) 一 _____ 咖啡，多少钱？   커피 한 잔은 얼마인가요?

4) _____ 一瓶啤酒。   맥주 한 병 주세요.

2 다음 단어를 알맞은 순서로 배열하세요.

1) 무엇을 드시겠어요?

什么 shénme / 吃 chī / 你 nǐ

➡ _____

2) 저는 콜라 한 병 주세요.

一 yī / 可乐 kělè / 要 yào / 我 wǒ / 瓶 píng

➡ _____

3) 아메리카노 두 잔 주세요.

杯 bēi / 来 lái / 两 liǎng / 美式咖啡 měishì kāfēi

➡ _____

확인 🔍

总结一下

🌸 알맞은 말이 되도록 문장을 연결한 후, 대화해 보세요.

🎧 04-08

1)	你吃什么？	A	我喝咖啡。
2)	你喝什么？	B	我不吃面条，我吃米饭。
3)	你吃面条吗？	C	是，我喝茶。
4)	你喝茶吗？	D	我吃饺子。

🎧 04-09

1)	你喝什么茶？	A	十五块一瓶。
2)	你要什么？	B	三十五块一杯。
3)	一杯咖啡，多少钱？	C	我喝普洱茶。
4)	一瓶啤酒，多少钱？	D	我要一个汉堡包。

油条
yóutiáo
여우탸오

包子
bāozi
빠오즈

馒头
mántou
만터우

粥
zhōu
죽

春卷儿
chūnjuǎnr
춘권

松花蛋(皮蛋)
sōnghuādàn
(pídàn)
송화단(피단)

豆浆
dòujiāng
콩국

馄饨
húntun
훈툰

酸奶
suānnǎi
요거트

橙汁儿
chéngzhīr
오렌지주스

중국 문화 산책

홍콩(香港)과 마카오(澳门)

　'홍콩'은 '샹강(香港 Xiānggǎng)'의 광동어 발음을 영어식으로 표기한 것이다. '마카오'의 어원은 포르투칼인들이 처음 마카오에 왔을 때 '아마사원(阿妈寺院)' 앞에서 '여기가 어디냐'고 물었고, 현지인들은 아마사원을 물어본 줄 알고 '아마카오(아마사원)'라고 대답했다. '아마카오 아마카오'라고 부르다가 현재의 '마카오(澳门 Àomén)'란 이름이 생기게 된 것이다.

+ 홍콩 미드레벨 에스컬레이터
왕가위 감독 <중경삼림>의 무대

+ 홍콩 디즈니랜드

+ 홍콩 빅토리아 피크

+ 마카오 세인트 폴 성당

+ 마카오 베네치안 호텔

+ 마카오 타워

UNIT 05

她在医院工作。

Tā zài yīyuàn gōngzuò.

그녀는 병원에서 일해요.

학습 목표

1. 가족 묻기 你家有几口人?
2. 직업 묻기 你做什么工作?
3. 나이 묻기 你今年多大?

쓰촨성(四川省) 지우자이거우(九寨沟)

사진으로
배우는
중국어

酒店
jiǔdiàn
호텔

银行
yínháng
은행

百货商店
bǎihuòshāngdiàn
백화점

医院
yīyuàn
병원

회화 1 💬

🎧 05-01

李秀英　　你家有几口人?
　　　　　Nǐ jiā yǒu jǐ kǒu rén?

朴大韩　　我家有四口人。
　　　　　Wǒ jiā yǒu sì kǒu rén.

李秀英　　你家都有谁?
　　　　　Nǐ jiā dōu yǒu shéi?

朴大韩　　爸爸、妈妈、一个姐姐和我。
　　　　　Bàba、māma、yí ge jiějie hé wǒ.

🔖 새 단어

家 jiā 명 집 | **有** yǒu 동 있다 | **几** jǐ 수 몇(10 이하의 수를 물을 때) | **口** kǒu 양 식구(식구를 세는 단위) | **都** dōu 부 모두 | **谁** shéi 대 누구 | **爸爸** bàba 명 아빠 | **妈妈** māma 명 엄마 | **个** ge 양 개, 명(사물이나 사람을 세는 단위) | **姐姐** jiějie 명 언니, 누나 | **和** hé 전 ~와/과

학습 포인트

❶ 有

'有 yǒu'는 '가지고 있다'의 뜻으로 소유를 나타낸다. 부정형은 '不有'가 아니라, '没有 méiyǒu'이다.

- 我有哥哥，没有姐姐。 나는 오빠가 있고, 언니는 없다.
  Wǒ yǒu gēge, méiyǒu jiějie.

- 他没有中国朋友。 그는 중국 친구가 없다.
  Tā méiyǒu Zhōngguó péngyou.

- 没有人。 아무도 없다.
  Méiyǒu rén.

❷ '수'를 묻는 의문대명사 '几'

'几 jǐ'는 10 미만의 적은 수를 물을 때 사용한다.

- 你有几个妹妹？ 여동생이 몇 명 있어요?
  Nǐ yǒu jǐ ge mèimei?

- 你买几本书？ 책을 몇 권 살 거예요?
  Nǐ mǎi jǐ běn shū?

❸ 가족 호칭

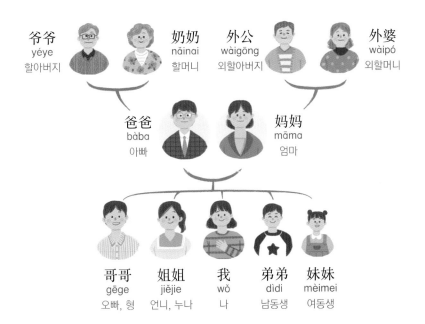

회화 2 💬

李秀英　　你姐姐做什么工作?
　　　　　Nǐ jiějie zuò shénme gōngzuò?

朴大韩　　她是医生。她在医院工作。
　　　　　Tā shì yīshēng.　Tā zài yīyuàn gōngzuò.

李秀英　　她今年多大?
　　　　　Tā jīnnián duō dà?

朴大韩　　二十八岁。
　　　　　Èrshíbā suì.

🎵 새 단어

做 zuò 통 ~을/를 하다 ┃ 工作 gōngzuò 명 일 통 일하다 ┃ 她 tā 대 그녀 ┃ 医生 yīshēng 명 의사 ┃ 在 zài 전 ·에서 통 에 있다 ┃ 医院 yīyuàn 명 병원 ┃ 今年 jīnnián 명 올해 ┃ 多 duō 부 얼마나 형 많다 ┃ 大 dà 형 크다 ┃ 岁 suì 양 ~살, ~세(나이를 세는 단위)

학습 포인트

1 '的'의 생략

'的 de'는 '~의'라는 뜻으로 인칭대명사 뒤에 쓰여 다음에 나오는 명사를 수식하는 역할을 한다. 단, 가족, 친구, 소속 기관을 수식할 때는 '的'를 생략한다.

- 你的妈妈 → 你妈妈 nǐ māma 너희 엄마
- 我的朋友 → 我朋友 wǒ péngyou 내 친구
- 他的家 → 他家 tā jiā 그의 집

2 在

'在 zài'는 '~에서'라는 뜻의 전치사이다. '在'가 동사로 쓰일 때는 '~에 있다'로 해석된다.

- 他在公司工作。 그는 회사에서 일한다. [전치사]
  Tā zài gōngsī gōngzuò.
- 他在公司。 그는 회사에 있다. [동사]
  Tā zài gōngsī.

3 今年多大?

상대방의 연령에 따라 나이를 물어보는 표현이 다르다.

어린 아이(10세 미만)	동년배, 또래	연장자
你几岁? Nǐ jǐ suì? 몇 살이니?	你多大? Nǐ duō dà? 나이가 어떻게 돼요?	您多大年纪? Nín duō dà niánjì? 연세가 어떻게 되세요?

TIP

재작년	작년	올해	내년	후년
前年 qiánnián	去年 qùnián	今年 jīnnián	明年 míngnián	后年 hòunián

참고 단어

公司 gōngsī 명 회사 | **年纪** niánjì 명 연령, 나이

듣기 🎧
听一听

1 녹음을 듣고, 보기에서 알맞은 한어병음을 골라 쓰세요. 🔊 05-03

보기   suì   dōu   duō   shì

1) _____   2) _____   3) _____

2 녹음을 듣고, 성조를 표기해 보세요. 🔊 05-04

1) | you |

2) | he |

3) | gongzuo |

4) | nianji |

3 녹음을 듣고, 내용과 일치하는 그림에 V표시 하세요. 🔊 05-05

1) ❶ ❷ ❸

2) ❶ ❷ ❸

말하기 🎤
说一说

1 밑줄 친 부분을 바꾸어 대화해 보세요. 🎧 05-06

A: 你做什么工作? Nǐ zuò shénme gōngzuò?

B: 我是医生。 Wǒ shì yīshēng.

1)

公司职员
gōngsī zhíyuán
회사원

2)

服务员
fúwùyuán
종업원

3)

律师
lǜshī
변호사

2 사진 속 가족의 나이를 보고 대화해 보세요. 🎧 05-07

A:　　　今年多大(年纪)?
　　　　jīnnián duōdà (niánjì)?

B:　　　今年　　　　岁。
　　　　jīnnián　　　　suì.

妈妈(42)　爸爸(45)
我(11)
哥哥(15)
妹妹(8)

3 자신의 가족을 중국어로 소개해 보세요.

가족　这是我　　　。 Zhè shì wǒ　　　.

직업　他是　　　。 Tā shì　　　.

나이　他今年　　　岁。 Tā jīnnián　　　suì.

쓰기 ✏️
写一写

1 보기에서 알맞은 단어를 골라 문장을 완성하세요.

보기

口 kǒu   多 duō   是 shì   岁 suì   工作 gōngzuò

1) 你做什么 _____ ? 당신은 어떤 일을 하세요?

2) 他今年 _____ 大? 그는 올해 나이가 어떻게 돼요?

3) 我今年三十 _____ 。 나는 올해 서른 살입니다.

4) 你家有几 _____ 人? 당신의 가족은 몇 명이에요?

2 다음 단어를 알맞은 순서로 배열하세요.

1) 여동생이 몇 명 있어요?

妹妹 mèimei / 个 ge / 有 yǒu / 你 nǐ / 几 jǐ

➡ _____

2) 그녀는 의사가 아니라 선생님이에요.

是 shì / 医生 yīshēng / 不是 bú shì / 她 tā / 老师 lǎoshī

➡ _____

3) 어머니 연세가 어떻게 돼요?

年纪 niánjì / 你妈妈 nǐ māma / 多大 duō dà

➡ _____

확인

总结一下

🌸 알맞은 말이 되도록 문장을 연결한 후, 대화해 보세요.

05-08

1)   你家有几口人？

2)   你有兄弟姐妹吗？

3)   你有几个中国朋友？

4)   你做什么工作？

A   我是公司职员。

B   　　有。
我有一个妹妹和一个弟弟。

C   我有两个中国朋友。
他们都是上海人。

D   我家有五口人。

05-09

1)   你是老师吗？

2)   你家都有谁？

3)   你今年多大？

4)   你爸爸多大年纪？

A   我今年三十五岁。

B   我不是老师，我是学生。

C   他今年六十九岁。

D   爸爸、妈妈、一个哥哥、
一个姐姐和我。

✎ •참고 단어

兄弟姐妹 xiōngdì jiěmèi 명 형제자매

演员
yǎnyuán

배우, 연기자

售货员
shòuhuòyuán

판매원

糕点面包师
gāodiǎnmiànbāoshī

제과제빵사

护士
hùshi

간호사

品酒师
pǐnjiǔshī

소믈리에

总经理
zǒngjīnglǐ

CEO, 사장

厨师
chúshī

요리사

司机
sījī

운전기사

警察
jǐngchá

경찰

咖啡师
kāfēishī

바리스타

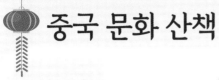 

중국 문화 산책

지우자이거우(九寨沟)와 황룽(黄龙)

쓰촨성(四川省 Sìchuānshěng) 북부에 위치한 '지우자이거우(九寨沟 Jiǔzhàigōu)'는 9개의 장족(藏族 Zàngzú)의 마을이 있는 곳에서 유래된 말이다. 주요 절경이 'Y'자 형태로 분포되어 있는데, 만년설에서 흘러내린 물이 폭포를 만들어 계단식의 호수에 연결된다. 지우자이거우의 대표적인 관광 명소 중 하나인 '황룽(黄龙 Huánglóng)'은 지우자이거우와 더불어 유네스코가 지정한 세계자연유산이다. '황룽'이라는 명칭은 마치 황색용 한 마리가 우거진 숲을 뚫고 하늘로 승천하는 듯한 모습에서 붙여진 이름이다.

UNIT 06

你几点起床?

Nǐ jǐ diǎn qǐchuáng?

당신은 몇 시에 일어나세요?

학습 목표

1. 시간 묻기 你几点起床?
2. 일과 묻기 晚上你做什么?
3. 부분 부정 不太难。

원난성(云南省) 리장(丽江) 고성(古城)
水口

사진으로
배우는
중국어

营业时间
yíngyè shíjiān
영업 시간

工作时间
gōngzuò shíjiān
근무 시간

회화 1

06-01

朴大韩　　你每天几点起床?
　　　　　Nǐ měitiān jǐ diǎn qǐchuáng?

宋丽丽　　我六点半起床。
　　　　　Wǒ liù diǎn bàn qǐchuáng.

朴大韩　　现在几点? 你几点上课?
　　　　　Xiànzài jǐ diǎn? Nǐ jǐ diǎn shàngkè?

宋丽丽　　现在差一刻八点。八点上课。
　　　　　Xiànzài chà yí kè bā diǎn. Bā diǎn shàngkè.

[참 고]
- 下课 xiàkè 수업을 마치다
- 上班 shàngbān 출근하다
- 下班 xiàbān 퇴근하다

◀ 새 단어

每天 měitiān 명 매일 | **点** diǎn 명 시 | **起床** qǐchuáng 동 일어나다 | **半** bàn 수 30분, 반 | **现在** xiànzài 명 현재, 지금 | **上课** shàngkè 동 수업하다 | **差** chà 형 부족하다, 모자라다 | **一刻** yí kè 15분

학습 포인트

❶ 시간 표현

보통 시간을 물어볼 때는 '几 jǐ'를 사용하여 '现在几点? Xiànzài jǐ diǎn?'이라고 묻는다. 대답할 때는 '点 diǎn 시'과 '分 fēn 분'을 사용하며, 15분(十五分 shíwǔ fēn)은 '一刻 yí kè', 30분(三十分 sānshí fēn)은 '半 bàn'이라고도 표현한다. '两刻'라는 표현은 없으며, 45분(四十五分 sìshíwǔ fēn)은 '三刻 sān kè'라고 표현한다.

 两点十五分 = 两点一刻
liǎng diǎn shíwǔ fēn liǎng diǎn yí kè

 六点三十分 = 六点半
liù diǎn sānshí fēn liù diǎn bàn

 九点四十五分 = 九点三刻 = 差一刻十点
jiǔ diǎn sìshíwǔ fēn jiǔ diǎn sān kè chà yí kè shí diǎn

 '2시 2분'은 '两点零二分 liǎng diǎn líng èr fēn'이라고 한다.
'12시'는 '十两点'이라 하지 않고, '十二点 shí'èr diǎn'이라고 한다.

❷ 差

'差 chà'는 '부족하다', '모자라다'라는 의미이다. 7시 45분은 15분이 부족한 8시이므로 '差一刻八点 chà yí kè bā diǎn'이라고 표현한다.

- 差五分八点 8시 5분 전 = 七点五十五分 7시 55분
  chà wǔ fēn bā diǎn qī diǎn wǔshíwǔ fēn

- 差十分八点 8시 10분 전 = 七点五十分 7시 50분
  chà shí fēn bā diǎn qī diǎn wǔshí fēn

- 差一刻八点 8시 15분 전 = 七点四十五分(= 七点三刻) 7시 45분
  chà yí kè bā diǎn qī diǎn sìshíwǔ fēn(= qī diǎn sān kè)

회화 2

宋丽丽　　晚上你做什么？
　　　　　Wǎnshang nǐ zuò shénme?

朴大韩　　我学习汉语。
　　　　　Wǒ xuéxí Hànyǔ.

宋丽丽　　你觉得汉语难吗？
　　　　　Nǐ juéde Hànyǔ nán ma?

朴大韩　　我觉得汉语不太难。
　　　　　Wǒ juéde Hànyǔ bú tài nán.

◦ 새 단어

学习 xuéxí 명 공부 통 공부하다 ┃ **汉语** Hànyǔ 명 중국어 ┃ **觉得** juéde 통 ~라고 느끼다 ┃ **难** nán 형 어렵다 ┃
不太 bú tài 그다지 ~하지 않다(부분 부정)

① '你做什么?'와 '你做什么工作?'

'你做什么? Nǐ zuò shénme?'는 문장 앞에 시간을 나타내는 말이 오면 가까운 미래형으로 '당신은 무엇을 할 거예요?'라는 의미이며, '你做什么工作? Nǐ zuò shénme gōngzuò?'는 '당신은 무슨 일을 하나요?'라는 의미로 직업을 묻는 표현이다.

- A: **周末你做什么?** 주말에 뭐 할 거예요?
  Zhōumò nǐ zuò shénme?

  B: **我去看电影。** 영화 보러 갈 거예요.
  Wǒ qù kàn diànyǐng.

- A: **你做什么工作?** 당신은 무슨 일을 하세요? (직업이 무엇입니까?)
  Nǐ zuò shénme gōngzuò?

  B: **我是公司职员。** 저는 회사원입니다.
  Wǒ shì gōngsī zhíyuán.

② 觉得

'觉得 juéde'는 동사로 '~라고 느끼다', '~라고 생각하다'라는 뜻이며, 어떤 대상에 대한 자신의 생각을 나타낸다.

- A: **我觉得英语很容易。你觉得呢?** 나는 영어가 쉽다고 생각해. 네 생각은?
  Wǒ juéde Yīngyǔ hěn róngyì. Nǐ juéde ne?

  B: **我觉得英语很难。** 나는 영어가 어렵다고 생각해.
  Wǒ juéde Yīngyǔ hěn nán.

③ 不太

'不太 bú tài + 형용사'는 '그다지 ~하지 않다'라는 의미이며, 부분 부정을 나타낸다.

- **不太难。** Bú tài nán. 그다지 어렵지 않다.
- **不太累。** Bú tài lèi. 그다지 피곤하지 않다.
- **不太好。** Bú tài hǎo. 그다지 좋지 않다.

참고 단어

周末 zhōumò 명 주말 | **看** kàn 동 보다 | **电影** diànyǐng 명 영화 | **英语** Yīngyǔ 명 영어 | **容易** róngyì 형 쉽다

듣기 🎧
听一听

1 녹음을 듣고, 시계에 해당하는 시각을 표시해 보세요. 06-03

1)

2)

3)

2 녹음을 듣고, 일치하는 그림끼리 연결하세요. 06-04

1)

2)

3)

❶

❷

❸

3 녹음을 듣고, 그림과 일치하면 O표, 틀리면 X표를 하세요. 06-05

1)

2)

3)

✏️ **참고 단어**

睡觉 shuìjiào 통 자다

말하기 🎤
说一说

1 밑줄 친 부분을 바꾸어 대화해 보세요. 🎧 06-06

> A: 现在几点？ Xiànzài jǐ diǎn?
>
> B: 现在六点半。 Xiànzài liù diǎn bàn.

1)

两点一刻
liǎng diǎn yí kè

2)

九点半
jiǔ diǎn bàn

3)

差一刻十二点
chà yí kè shí'èr diǎn

2 사진을 보고 문장을 완성해 보세요. 🎧 06-07

我 _____ 点 _____ 。 Wǒ _____ diǎn _____ .

1)

2)

3)

3 자신의 하루 일과와 시간을 중국어로 적어 본 후, 소개해 보세요.

일과	시간
일어나기	
아침 식사	
수업하기/출근하기	
귀가하기	

쓰기 ✏️
写一写

1 보기에서 알맞은 단어를 골라 문장을 완성하세요.

보기

做 zuò   觉得 juéde   点 diǎn   差 chà   半 bàn

1) 现在 _____ 十分八点。   지금은 8시 10분 전이에요.

2) 你每天几 _____ 起床？   너는 매일 몇 시에 일어나니?

3) 晚上你 _____ 什么？   저녁에 너 뭐 할거니?

4) 我 _____ 汉语很有意思。   나는 중국어가 재미있다고 생각해요.

2 다음 단어를 알맞은 순서로 배열하세요.

1) 당신은 매일 몇 시에 일어나요?

起床 qǐchuáng / 点 diǎn / 每天 měitiān / 几 jǐ / 你 nǐ

➡ _____

2) 나는 8시 15분 전에 출근합니다.

差 chà / 上班 shàngbān / 八点 bā diǎn / 我 wǒ / 一刻 yí kè

➡ _____

3) 저는 중국어가 그다지 어렵지 않다고 생각해요.

汉语 Hànyǔ / 难 nán / 我 wǒ / 不太 bú tài / 觉得 juéde

➡ _____

참고 단어

有意思 yǒu yìsi 재미있다

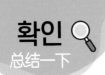

❀ 알맞은 말이 되도록 문장을 연결한 후, 대화해 보세요.

06-08

1) 现在几点？

2) 你每天几点起床？

3) 你每天几点睡觉？

4) 你几点上课？

A 我早上六点起床。

B 我上午九点上课。

C 现在两点三刻。

D 我十一点半睡觉。

06-09

1) 你每天学习汉语吗？

2) 你觉得汉语难吗？

3) 晚上你做什么？

4) 周末你做什么？

A 我觉得汉语很难。
可是很有意思。

B 是。
我每天晚上学习汉语。

C 周末我去爬山。

D 晚上我去看朋友。

～ 참고 단어

可是 kěshì 접 그러나 | 爬山 pá shān 동 등산하다

散步
sànbù
산책하다

听音乐
tīng yīnyuè
음악을 듣다

玩儿手机
wánr shǒujī
휴대폰을 가지고 놀다

上网
shàngwǎng
인터넷을 하다

玩儿游戏
wánr yóuxì
게임을 하다

逛街
guàngjiē
거리를 거닐다

看电视
kàn diànshì
TV를 보다

洗澡
xǐzǎo
샤워하다

运动
yùndòng
운동하다

做菜
zuò cài
요리하다

중국 문화 산책

리장(丽江) 고성(古城)

수로가 많아 '동양의 베니스'로 불리는 리장(丽江 Lìjiāng) 고성(古城 gǔchéng)은 명청(明清) 시대부터 차(茶) 상업 무역의 거점이었다. 리장 고성은 1997년 유네스코 세계문화유산으로 등재되었으며, 나시족(纳西族 Nàxīzú)의 독특한 양식으로 지어진 '고성'과 현재까지 사용되고 있는 유일한 상형 문자인 '동파문자'가 유명하다.

+ 동양의 베니스 아름다운 리장 고성

+ 마을 곳곳을 관통하는 리장 수로

+ 리장의 차마고도(茶马古道) 흔적

+ 나시족(纳西族)의 동파문자(东巴文字)

+ 장예모 감독의 <인상리장(印象丽江)> 뮤지컬
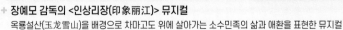
옥룡설산(玉龙雪山)을 배경으로 차마고도 위에 살아가는 소수민족의 삶과 애환을 표현한 뮤지컬

UNIT 07

今天几月几号?

Jīntiān jǐ yuè jǐ hào?

오늘은 몇 월 며칠입니까?

학습 목표

1. 날짜 묻기 今天几月几号?
2. 요일 묻기 今天星期几?
3. 생일 축하하기 祝你生日快乐。

광시좡족자치구(广西壮族自治区)
구이린(桂林)의 리장(漓江)

사진으로
배우는
중국어

国庆节
Guóqìng Jié
10월 1일 국경절

劳动节
Láodòng Jié
5월 1일 노동절

光棍节
Guānggùn Jié
11월 11일 솔로데이

春节
Chūnjié
음력 1월 1일 (중국의) 설날

李秀英　**今天几月几号?**
Jīntiān jǐ yuè jǐ hào?

马克　**六月九号。**
Liù yuè jiǔ hào.

李秀英　**今天星期几?**
Jīntiān xīngqī jǐ?

马克　**星期四。**
Xīngqīsì.

🔖 새 단어

今天 jīntiān 명 오늘 | **月** yuè 명 달, 월 | **号(日)** hào(rì) 명 일 | **星期** xīngqī 명 요일, 주

❶ 명사술어문

날짜, 요일, 시간, 나이, 돈 등을 표현할 때에는 판단 동사 '是 shì'를 생략하고 명사 자체가 직접
술어로 쓰일 수 있는데, 이를 '명사술어문'이라고 한다.

- 明天星期四。 Míngtiān xīngqīsì. 내일은 목요일입니다.
- 现在两点三刻。 Xiànzài liǎng diǎn sān kè. 지금은 2시 45분이에요.

단, 부정문일 경우는 '是'를 생략할 수 없다.

- 明天不是星期四。 Míngtiān bú shì xīngqīsì. 내일은 목요일이 아닙니다.

❷ 几月几号?

날짜나 요일을 물을 때는 의문사 '几 jǐ'를 사용한다.

- 今天星期几? Jīntiān xīngqī jǐ? 오늘은 무슨 요일인가요?

  *什么星期? (✗)

❸ 요일 표현

요일은 '星期 xīngqī' 혹은 '周 zhōu' 뒤에 숫자를 붙여서 나타낸다. 단, 일요일은 '星期七'라고 하
지 않고 '星期天 xīngqītiān'이라고 한다.

월요일	화요일	수요일	목요일	금요일	토요일	일요일
星期一 xīngqīyī	星期二 xīngqī'èr	星期三 xīngqīsān	星期四 xīngqīsì	星期五 xīngqīwǔ	星期六 xīngqīliù	星期天 xīngqītiān
周一 zhōuyī	周二 zhōu'èr	周三 zhōusān	周四 zhōusì	周五 zhōuwǔ	周六 zhōuliù	周日 zhōurì

 날짜&주간 표현

〈날짜〉
- 昨天 zuótiān 어제
- 今天 jīntiān 오늘
- 明天 míngtiān 내일

〈주간〉
- 上(个)星期 shàng (ge) xīngqī 지난 주
- 这(个)星期 zhè (ge) xīngqī 이번 주
- 下(个)星期 xià (ge) xīngqī 다음 주

회화 2 💬

07-02

马克   你的生日是几月几号？
         Nǐ de shēngrì shì jǐ yuè jǐ hào?

李秀英   十一月十四号。你呢？
         Shíyī yuè shísì hào.   Nǐ ne?

马克   今天就是我的生日。
         Jīntiān jiù shì wǒ de shēngrì.

李秀英   真的吗？祝你生日快乐！
         Zhēn de ma? Zhù nǐ shēngrì kuàilè!

🔖 **새 단어**

的 de 조 ~의 | **生日** shēngrì 명 생일 | **就** jiù 부 바로, 곧 | **真** zhēn 부 정말로 | **祝** zhù 동 기원하다, 바라다 |
快乐 kuàilè 형 즐겁다, 유쾌하다

① 강조의 부사 '就'

'바로', '곧'이라고 해석하며, 강조의 의미를 나타낸다.

- 这就是我家。 여기가 바로 우리 집이에요.
  Zhè jiù shì wǒ jiā.

- 她就是我妹妹。 그녀가 바로 내 여동생이에요.
  Tā jiù shì wǒ mèimei.

② 真的吗?

문장 끝의 '吗 ma'를 빼고, 문장 끝을 올려 주어도 의문문이 된다.

- 真的吗? = 真的? 정말이에요?
  Zhēn de ma?   Zhēn de?

또한 '真的 zhēn de'를 문장 끝을 내려 읽으면 평서문이 된다.

- A: 真的吗? 정말이에요?
  Zhēn de ma?

  B: (是)真的。 정말이에요.
  (Shì) zhēn de.

③ 祝

'祝 zhù'는 '축원하다', '바라다'라는 뜻으로 쓰인다.

- 祝你身体健康! 건강하시기를 기원합니다!
  Zhù nǐ shēntǐ jiànkāng!

- 祝你一切顺利! 모든 일이 잘 되기를 바랍니다!
  Zhù nǐ yíqiè shùnlì!

参고 단어

身体 shēntǐ 명 신체, 몸 │ **健康** jiànkāng 명 건강 형 건강하다 │ **一切** yíqiè 명 모든 것 │ **顺利** shùnlì 형 순조롭다

듣기 🎧
听一听

1 녹음을 듣고, 보기에서 알맞은 성모를 골라 빈칸에 쓰세요. 🎧 07-03

> 보기
>
> s   x   t   l   sh

1) [　] ēngrì

2) [　] īngqī

3) jīn [　] iān

4) kuài [　] è

2 녹음을 듣고, 성조를 표기해 보세요. 🎧 07-04

1) jı

2) yue

3) hao

4) shı

3 녹음을 듣고, 그림과 일치하면 O표, 틀리면 X표를 하세요. 🎧 07-05

1)

2)

3)

말하기 🎙
说一说

1 밑줄 친 부분을 바꾸어 대화해 보세요. 🎧 07-06

A: 今天几月几号? Jīntiān jǐ yuè jǐ hào?

B: 六月九号。 Liù yuè jiǔ hào.

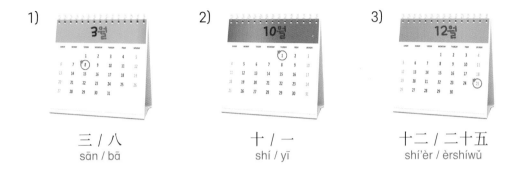

1) 三 / 八
sān / bā

2) 十 / 一
shí / yī

3) 十二 / 二十五
shí'èr / èrshíwǔ

2 달력을 보고 대화해 보세요. 🎧 07-07

A: 昨天 Zuótiān
今天 Jīntiān   星期几 xīngqī jǐ   ?
明天 Míngtiān

B: _____ 。

3 친구의 생일을 중국어로 묻고 기록해 보세요.

名字	生日

쓰기 ✏️
写一写

1 보기에서 알맞은 단어를 골라 문장을 완성하세요.

> **보기**
>
> 就 jiù   几 jǐ   祝 zhù   星期 xīngqī   周 zhōu

1) 今天 _____ 月 _____ 号? 오늘은 몇 월 며칠인가요?

2) 今天 _____ 是我的生日。 오늘이 바로 제 생일이에요.

3) _____ 你生日快乐! 생일 축하합니다!

4) 今天 _____ 几? 오늘은 무슨 요일인가요?

2 다음 단어를 알맞은 순서로 배열하세요.

1) 내일은 목요일이 아닙니다.

　　不是 bú shì / 明天 míngtiān / 星期四 xīngqīsì

➡ _____

2) 당신의 생일은 언제인가요? (중복 사용 가능)

　　你 nǐ / 是 shì / 月 yuè / 的 de / 号 hào / 生日 shēngrì /

　　几 jǐ

➡ _____

3) 생일 축하합니다!

　　快乐 kuàilè / 生日 shēngrì / 你 nǐ / 祝 zhù

➡ _____

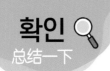

🌸 알맞은 말이 되도록 문장을 연결한 후, 대화해 보세요.

07-08

1)	今天几月几号？	**A** 星期五。
2)	今天星期几？	**B** 六月九号。
3)	今天星期四吗？	**C** 这星期六是我朋友的生日。
4)	这星期六是谁的生日？	**D** 今天不是星期四，明天星期四。

07-09

1)	明天星期五吗？	**A** 五月一号。
2)	下星期天是我的生日。	**B** 十月一号。
3)	劳动节是几月几号？	**C** 真的吗？祝你生日快乐！
4)	国庆节是几月几号？	**D** 不是。星期六。

祝你周末愉快!
Zhù nǐ zhōumò yúkuài!
주말 잘 보내세요!

祝你新年快乐!
Zhù nǐ xīnnián kuàilè!
새해 복 많이 받으세요!

恭喜发财!
Gōngxǐ fācái!
부자되세요!

祝你万事如意!
Zhù nǐ wànshì rúyì!
모든 일이 뜻대로 되기를 기원합니다!

祝你一路平安!
Zhù nǐ yílù píng'ān!
조심히 잘 다녀오세요!

祝你美梦成真!
Zhù nǐ měimèng chéngzhēn!
꿈이 이루어지길 바랍니다!

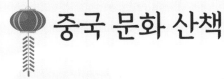

중국 문화 산책

구이린(桂林) 리장(漓江)

중국 산수화의 배경이 되는 구이린(桂林 Guìlín)은 3억 년의 풍화 작용으로 빚어진 카르스트 지형으로 이루어져 있다. 구이린에서 양수오(阳朔 Yángshuò)까지 약 83㎞ 구간에 걸쳐 흐르는 리장(漓江 Líjiāng)과 그 주변의 물줄기를 따라 이어진 봉우리들은 신비로운 경치를 자아내고 있다.

중국의 명산과 호수, 관광지 등 실제 배경을 무대로 연출한《印象 · 刘三姐 yìnxiàng · liúsānjiě》는 이 지역 설화인 '유씨 집안의 셋째 딸'을 바탕으로 만들어진 공연으로 계림의 도시 브랜드 가치를 높이는 데 기여하였다.

+ 구이린[桂林]의 풍경

+ 구이린 양강사호(两江四湖)의 금탑은탑

+ 가마우지 낚시

+ 샹비산[象鼻山]

+《印象 · 刘三姐 yìnxiàng · liúsānjiě》공연 장면

UNIT 08

你有微信吗?

Nǐ yǒu Wēixìn ma?

당신은 위챗이 있나요?

학습 목표

1. 위챗 아이디 묻기 你有微信吗?
2. 휴대폰 번호 묻기 你的手机号码是多少?
3. 거주지 묻기 你住哪儿?

항저우(杭州) 시후(西湖)

사진으로
배우는
중국어

微信
Wēixìn
중국판 카카오톡

百度
Bǎidù
중국 최대 포털 사이트, 중국판 구글

微博
Wēibó
중국판 트위터

小红书
Xiǎohóngshū
중국판 인스타그램

08-01

朴大韩　你有微信吗?
　　　　Nǐ yǒu Wēixìn ma?

马克　　有啊。我的微信网名告诉你吧。
　　　　Yǒu a.　Wǒ de Wēixìn wǎngmíng gàosu nǐ ba.

朴大韩　你有没有博客?
　　　　Nǐ yǒu méiyǒu bókè?

马克　　也有。你有时间, 来看一看。
　　　　Yě yǒu.　Nǐ yǒu shíjiān, lái kàn yi kàn.

🔖 **새 단어**

微信 Wēixìn 명 위챗(WeChat, 중국판 카카오톡) ｜ **啊** a 조 감탄을 나타냄 ｜ **网名** wǎngmíng 명 (온라인상의) 아이디 ｜
告诉 gàosu 동 알려주다 ｜ **吧** ba 조 ~해라, ~하자(제안, 부탁, 명령 등의 어감을 나타냄) ｜ **没有** méiyǒu 동 없다 ｜
博客 bókè 명 블로그 ｜ **时间** shíjiān 명 시간 ｜ **看** kàn 동 보다

학습 포인트

① 긍정부정의문문

긍정부정의문문(정반의문문)은 동사나 형용사의 긍정형과 부정형을 함께 써서 만든 의문문이다. 이때 의문조사 '吗 ma'는 쓰지 않는다.

- 你有没有中国朋友？(＝你有中国朋友吗？) 중국 친구 있어요?
  Nǐ yǒu méiyǒu Zhōngguó péngyou? (＝Nǐ yǒu Zhōngguó péngyou ma?)
- 他在不在家？(＝他在家吗？) 그는 집에 있어요?
  Tā zài bu zài jiā? (＝Tā zài jiā ma?)

② 단음절 동사의 중첩

단음절 동사를 중복(AA)하거나 단음절 동사 사이에 '一 yī'를 넣거나(A一A), 동사 뒤에 '一下 yíxià'를 넣으면(A一下), '좀 ~하다', '한번 ~해 보다'의 뜻을 나타낸다. 단음절 동사의 중첩은 강조하기 위한 것이 아니라 동작에 걸리는 시간이 짧고 부드러운 어감을 나타낸다. 이때 AA형식으로 중첩된 두 번째 동사와 A一A형식의 '一 yī'는 경성으로 발음한다.

형식	예시	뜻
AA	看看 kànkan	좀 보세요. (한번 보세요.)
A一A	看一看 kàn yi kàn	
A一下	看一下 kàn yíxià	

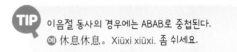
TIP 이음절 동사의 경우에는 ABAB로 중첩된다.
⑩ 休息休息。Xiūxi xiūxi. 좀 쉬세요.

③ 연동문

연동문은 두 개의 동사가 연이어 시간 순서대로 나열되어 동작의 목적, 수단, 방식 등을 나타낸다. 동작의 목적을 나타낼 때, '来 lái'는 '~하러 오다', '去 qù'는 '~하러 가다'로 해석한다.

- 你来看一看。 Nǐ lái kàn yi kàn. 한번 보러 오세요.
- 我去吃饭。 Wǒ qù chī fàn. 나는 밥 먹으러 갑니다.
- 我去上课。 Wǒ qù shàng kè. 나는 수업하러 갑니다.

회화 2 💬

李秀英　你的手机号码是多少?
Nǐ de shǒujī hàomǎ shì duōshao?

宋丽丽　我的手机号码是133-6372-9541。
Wǒ de shǒujī hàomǎ shì yāo sān sān liù sān qī èr jiǔ wǔ sì yāo.

李秀英　这周六我给你打电话。
Zhè zhōuliù wǒ gěi nǐ dǎ diànhuà.

宋丽丽　好啊。
Hǎo a.

참고

상대방의 말에 동의나 긍정을 표현할 때
'好 hǎo', '好的 hǎo de', '好吧 hǎo ba'
라고 할 수 있다.

◀ 새 단어

手机 shǒujī 명 휴대폰 | **号码** hàomǎ 명 번호 | **零** líng 수 0, 영 | **幺** yāo 수 1, 하나(번호를 전달할 때 사용) |
给 gěi 전 ~에게 동 주다 | **打** dǎ 동 (전화를) 걸다 | **电话** diànhuà 명 전화

학습 포인트

❶ '多少'와 '几'

'多少 duōshao'는 '얼마'라는 뜻으로 10 이상의 수를 물을 때 사용하고, '几 jǐ'는 '몇'이라는 뜻으로 10 미만의 수를 물을 때 사용한다. 이때 '多少' 뒤에 양사 '个 ge'는 생략한다.

- 教室里有多少学生? 교실에 학생이 얼마나 있어요?
  Jiàoshì lǐ yǒu duōshao xuésheng?

- 教室里有几个学生? 교실에 학생이 몇 명 있어요?
  Jiàoshì lǐ yǒu jǐ ge xuésheng?

❷ 幺

전화번호, 버스 번호, 방 호수 등 번호를 전달할 때, 숫자 1은 '一 yī' 대신에 '幺 yāo'로 읽는다.

- 119 yāo yāo jiǔ 119(화재신고)
- 214号房间 èr yāo sì hào fángjiān 214호실
- 331路车 sān sān yāo lù chē 331번 버스

❸ 给

전치사로 쓰일 때는 '~에게'라는 뜻이고, 동사로 쓰일 때는 '~에게 ~을 주다'라는 뜻이 된다.

- 我给你打电话。 내가 당신에게 전화할게요. [전치사]
  Wǒ gěi nǐ dǎ diànhuà.

- 我给你发票。 당신에게 영수증을 드릴게요. [동사]
  Wǒ gěi nǐ fāpiào.

• 참고 단어

教室 jiàoshì 명 교실 | **里** lǐ 명 속, 안 | **房间** fángjiān 명 방 | **路** lù 양 (운수 기관 등) 노선, 번 | **车** chē 명 차, 자동차 | **发票** fāpiào 명 영수증

🎧 08-03

| 朴大韩 | 你住哪儿？ |
| | Nǐ zhù nǎr? |

| 马克 | 我住学校宿舍。 |
| | Wǒ zhù xuéxiào sùshè. |

| 朴大韩 | 几楼？ 几号房间？ |
| | Jǐ lóu? Jǐ hào fángjiān? |

| 马克 | 九楼，208号房间。欢迎你去玩儿。 |
| | Jiǔ lóu, èr líng bā hào fángjiān. Huānyíng nǐ qù wánr. |

▶ 새 단어

住 zhù 동 살다 | **哪儿** nǎr 대 어디 | **学校** xuéxiào 명 학교 | **宿舍** sùshè 명 기숙사 | **楼** lóu 명 동, 건물, 층 | **号** hào 명 호 | **房间** fángjiān 명 방 | **欢迎** huānyíng 동 환영하다 | **去** qù 동 ~에 가다 | **玩儿** wánr 동 놀다

① 你住哪儿?

'你住哪儿? Nǐ zhù nǎr?'에서 '住 zhù'는 '살다'의 의미로 쓰였지만, '묵다, '머무르다'의 의미도 지니고 있다.

- A: 你住哪儿? 어디서 묵으세요?
  Nǐ zhù nǎr?

  B: 我住北京饭店。 베이징호텔에서 묵고 있어요.
  Wǒ zhù Běijīng fàndiàn.

② 哪儿

지시대명사 '这 zhè', '那 nà'와 의문대명사 '哪 nǎ' 뒤에 '儿 er' 또는 '里 li'를 붙여 장소를 나타낸다.

이	这 zhè	이곳	这儿 zhèr 这里 zhèli
저, 그	那 nà	저곳, 그곳	那儿 nàr 那里 nàli
어느	哪 nǎ	어디, 어느 곳	哪儿 nǎr 哪里 nǎli

③ 欢迎你去玩儿。

'놀러 오는 것을 환영해요.'라고 해석하며 상대방 입장에서는 초대 받은 집으로 가는 것이므로 '去 qù'를 사용한다. '去' 대신 '来 lái'를 써서 '欢迎你来玩儿。 Huānyíng nǐ lái wánr.'이라고도 표현할 수 있다.

참고 단어

饭店 fàndiàn 명 호텔

듣기 🎧
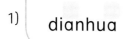

1 녹음을 듣고, 성조를 표기해 보세요. 🎧 08-04

1) dianhua

2) haoma

3) shou'er

4) shouji

5) fangjian

6) xuexiao

2 녹음을 듣고, 내용과 일치하는 그림에 V표시 하세요. 🎧 08-05

1)

133-6184-0527

2)

133-6148-0527

3)

133-6148-0572

3 녹음을 듣고, 내용과 일치하는 그림을 골라 번호를 쓰세요. 🎧 08-06

1)

2)

3)

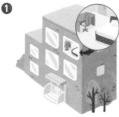

微信ID

星期六

말하기

说一说

1 밑줄 친 부분을 바꾸어 대화해 보세요. 08-07

> A: 你住哪儿? Nǐ zhù nǎr?
> B: 我住宿舍。 Wǒ zhù sùshè.

1)

纽约
Niǔyuē
뉴욕

2)

上海
Shànghǎi
상하이

3)

首尔
Shǒu'ěr
서울

2 밑줄 친 부분을 바꾸어 대화를 완성해 보세요. 08-08

> A: 你的房间号码是多少? Nǐ de fángjiān hàomǎ shì duōshao?
> B: _____号房间。 _____ hào fángjiān.

1)

308
sān líng bā

2)

214
èr yāo sì

3)

956
jiǔ wǔ liù

3 중국 친구가 있다면 위챗 아이디를 중국어로 물어보세요.

名字	微信网名

쓰기 ✏️
写一写

1 보기에서 알맞은 단어를 골라 문장을 완성하세요.

> **보기**
>
> 给 gěi   多少 duōshao   告诉 gàosu
>
> 住 zhù   时间 shíjiān

1) 我的微信网名 ＿＿＿＿＿ 你吧。 내 위챗 아이디를 너에게 말해 줄게.

2) 你有 ＿＿＿＿＿，来看一看。 시간 있으면, 한번 보러 오세요.

3) 你的手机号码是 ＿＿＿＿＿？ 당신의 휴대폰 번호는 몇 번인가요?

4) 你 ＿＿＿＿＿ 哪儿？ 당신은 어디에 사세요?

2 다음 단어를 알맞은 순서로 배열하세요.

1) 당신은 블로그가 있어요?

没有 méiyǒu / 博客 bókè / 有 yǒu / 你 nǐ

➡ ＿＿＿＿＿＿＿＿＿＿＿＿＿＿＿＿＿＿＿＿

2) 내일 내가 당신에게 전화 할게요.

打电话 dǎ diànhuà / 我 wǒ / 明天 míngtiān / 你 nǐ / 给 gěi

➡ ＿＿＿＿＿＿＿＿＿＿＿＿＿＿＿＿＿＿＿＿

3) 우리 집에 놀러 오시는 것을 환영합니다.

玩儿 wánr / 来 lái / 你 nǐ / 欢迎 huānyíng / 我家 wǒ jiā

➡ ＿＿＿＿＿＿＿＿＿＿＿＿＿＿＿＿＿＿＿＿

🌸 알맞은 말이 되도록 문장을 연결한 후, 대화해 보세요.

08-09

1) 你有微信吗？

2) 你有没有博客？

3) 你有时间，
来看一看我的博客。

4) 你的手机号码是多少？

A 133-6312-9548。

B 有啊。
我的微信网名告诉你吧。

C 我没有博客，你有吗？

D 好的。
有时间，看看你的博客。

08-10

1) 这周六我给你打电话，
好吗？

2) 你住哪儿？

3) 你住几楼？几号房间？

4) 欢迎你来我家玩儿。

A 谢谢！
有时间，我去你家玩儿。

B 我住9楼，308号房间。

C 我住学校宿舍。

D 好啊。

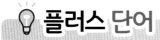

应用程序 yìngyòng chéngxù 애플리케이션(앱) 08-11

社交网站
shèjiāo wǎngzhàn
SNS(Social Network Service)

谷歌地图
Gǔgē dìtú
구글 맵

脸书
Liǎnshū
페이스북

哔哩哔哩
Bìlī bìlī
빌리빌리
(중국의 UCC 사이트)

抖音
Dǒuyīn
틱톡
(젊은 세대를 겨냥한 글로벌 숏폼 동영상 플랫폼)

淘宝
Táobǎo
타오바오
(중국 알리바바 그룹이 운영하는 인터넷 쇼핑몰)

중국 문화 산책

항저우(杭州) 시후(西湖)

중국 4대 미녀 중 서시(西施 Xīshī)라는 여인이 있었는데, 사람들은 호수가 '서시'처럼 아름답다고 생각하여 시후(西湖 Xīhú)라 불렀다. 시후는 그 빼어남으로 인해 백거이(白居易 Bái Jūyì), 소동파(苏东坡 Sū Dōngpō) 등 많은 문인들에게 소재가 되어 시와 그림으로 옮겨졌다.

항저우(杭州 Hángzhōu)의 아름다운 시후를 배경으로 만들어진 《印象 · 西湖 yìnxiàng · xīhú》는 다양한 고전 설화와 '장예모(张艺谋 Zhāng Yìmóu)' 감독의 탁월한 상상력이 더해져서 만들어진 종합 뮤지컬이다. 이 공연은 '만남', '사랑', '이별', '추억', '인상' 모두 다섯 가지 테마로 전개되는데, 아름다운 자연산수를 그대로 무대 배경으로 활용하여 환상적인 효과와 현대적 감각을 엿볼 수 있다.

UNIT 09

我请客。

Wǒ qǐngkè.

제가 한턱낼게요.

학습 목표

1. 한턱내기 我请客。
2. 완료의 표현 你吃饭了吗?
3. 경험의 표현 你吃过中国菜吗?

시안(西安) 진시황 병마용(秦始皇兵马佣)

사진으로
배우는
중국어

仿膳饭庄
Fǎngshàn fànzhuāng
팡샨반장
1925년에 오픈한 만한전석(满汉全席) 전문점

全聚德
Quánjùdé
쵄쥐더
1864년에 오픈한 베이징 오리구이 전문점

誉满坊
Yùmǎnfāng
위만팡
장국영이 사랑한
홍콩의 딤섬 전문점

회화 1

马克   **中午咱们吃什么?**
Zhōngwǔ zánmen chī shénme?

宋丽丽   **你说吧。 我听你的。**
Nǐ shuō ba.   Wǒ tīng nǐ de.

马克   **去中国餐厅吃饭, 怎么样?**
Qù Zhōngguó cāntīng chī fàn, zěnmeyàng?

我请客。
Wǒ qǐngkè.

宋丽丽   **好啊。**
Hǎo a.

새 단어

中午 zhōngwǔ 명 정오, 점심 | **咱们** zánmen 대 우리(들) | **说** shuō 동 말하다 | **听** tīng 동 듣다 | **餐厅** cāntīng 명 음식점 | **饭** fàn 명 밥, 식사 | **怎么样** zěnmeyàng 대 어떠한가 | **请客** qǐngkè 동 한턱내다

❶ '咱们'과 '我们'

'咱们 zánmen'과 '我们 wǒmen'은 모두 '우리들'이라는 뜻이지만, 두 단어의 쓰임새가 조금 다르다. '我们'의 경우 청자를 포함시키지 않을 때 사용하고, '咱们'의 경우에는 화자와 청자 모두를 포함할 때 사용한다.

- A: 我们去食堂吃饭，你们去餐厅吃饭吧。
  Wǒmen qù shítáng chī fàn, nǐmen qù cāntīng chī fàn ba.
  우리는 구내 식당에 가서 먹을게요. 여러분은 밖에 음식점에 가서 드세요.

- B: 不，咱们一起去食堂吃饭吧。
  Bù, zánmen yìqǐ qù shítáng chī fàn ba.
  아니에요. 우리 다 같이 구내 식당에 가서 먹어요.

❷ 我听你的。

'我听你的。 Wǒ tīng nǐ de.' 문장 뒤에 '话 huà'라는 단어가 생략된 형태로 '네 말을 듣다', '네 말대로 하겠다'라는 뜻이다. '话'는 명사로 '말'이라는 뜻이다.

❸ 去中国餐厅吃饭。

연동문은 하나의 주어와 두 개의 동사로 이루어져 있는 문장이다. 연동문에서 뒤의 동사나 동사구는 목적을 나타낸다.

- 我去餐厅吃饭。 나는 식사하러 음식점에 간다.
  Wǒ qù cāntīng chī fàn.

- 他去看电影。 그는 영화 보러 간다.
  Tā qù kàn diànyǐng.

- 我去上海出差。 나는 상하이로 출장 간다.
  Wǒ qù Shànghǎi chūchāi.

❹ 我请客。

'손님으로 청하다', '한턱내다'라는 의미로 '我请你吃饭。 Wǒ qǐng nǐ chī fàn.'이라고도 말할 수 있다.

참고 단어

食堂 shítáng 명 구내 식당 | **一起** yìqǐ 부 함께, 같이 | **出差** chūchāi 동 출장 가다

회화 2 💬

09-02

宋丽丽   你吃饭了吗?
         Nǐ chī fàn le ma?

李秀英   我还没吃呢。
         Wǒ hái méi chī ne.

宋丽丽   我会做麻辣香锅。我给你做。
         Wǒ huì zuò málàxiāngguō. Wǒ gěi nǐ zuò.

李秀英   真的吗? 我还喜欢吃榨菜。
         Zhēn de ma? Wǒ hái xǐhuan chī zhàcài.

새 단어

了 le 조 ~했다(동작의 완료), ~되다(상태의 변화) | **还** hái 부 아직, 또, 그리고 | **没** méi 부 ~하지 않았다 | **会** huì 조동 ~을 할 줄 알다 | **麻辣香锅** málàxiāngguō 명 마라샹궈 | **喜欢** xǐhuan 동 좋아하다 | **榨菜** zhàcài 명 자차이 (짜사이)

학습 포인트

❶ 어기조사 '了1'(완료)

'了 le'는 동사의 뒤나 문장 끝에 놓여 완료를 나타낸다. '了'의 부정형은 동사 앞에 '没(有) méi(yǒu)'를 쓰고, 문장 끝에는 '了'를 쓰지 않는다.

- 我吃饭了。 Wǒ chī fàn le. 나는 밥을 먹었다.
- 我没有吃。 Wǒ méiyǒu chī. 나는 먹지 않았다.

  *我没有吃了。(✗)

 '不'와 '没(有)'의 차이

'不 bù'는 '~하지 않다'라는 의미로 현재나 미래에 대한 주관적 의지의 부정을 나타낸다.
'没(有) méi(yǒu)'는 '~하지 않았다'라는 의미로 과거의 일이나 객관적 사실의 부정을 나타낸다.

- 我不买。 Wǒ bù mǎi. 나는 안 산다. / 안 살 거다. [현재 또는 미래 부정형]
- 我没有买。 Wǒ méiyǒu mǎi. 나는 사지 않았다. [과거 부정형]

❷ 我还没吃呢。

'还没… hái méi…'는 '아직 ~하지 않았다'라는 뜻으로 어떤 동작이 아직 발생하지 않았거나 완성되지 않았음을 나타낸다. 보통 끝에 '呢 ne'를 붙여 '还没…呢 hái méi … ne'의 형태로 사용한다.

- 他还没来呢。 그는 아직 안 왔어요.
  Tā hái méi lái ne.
- 我还没见她呢。 나 아직 그녀를 만나지 않았어요.
  Wǒ hái méi jiàn tā ne.

❸ 조동사 '会'

조동사 '会 huì'는 두 가지 용법이 있다. 학습을 통해 어떤 것을 할 줄 알게 되는 경우에는 '~을 할 줄 알다'로, 미래 가능성을 나타낼 때는 '~일 것이다'로 해석한다.

- 我会做菜。 나는 요리를 할 줄 알아요.
  Wǒ huì zuò cài.
- 明天他会来。 내일 그는 올 것이다.
  Míngtiān tā huì lái.

🎧 09-03

朴大韩	你吃过北京烤鸭吗? Nǐ chīguo Běijīng kǎoyā ma?
李秀英	我还没吃过呢。 Wǒ hái méi chīguo ne.
朴大韩	烤鸭是北京的名菜。很好吃。 Kǎoyā shì Běijīng de míngcài. Hěn hǎochī.
李秀英	咱们应该去尝一尝。 Zánmen yīnggāi qù cháng yi cháng.

⌐● 새 단어

过 guo [조] ~한 적 있다(경험을 나타냄) | **北京烤鸭** Běijīng kǎoyā 베이징 오리구이 | **名菜** míngcài 유명한 요리 |
好吃 hǎochī [형] 맛있다 | **应该** yīnggāi [조동] 마땅히 ~해야 한다 | **尝** cháng [동] 맛보다

① 동태조사 '过'

동태조사 '过 guo'는 동사 뒤에 놓여 경험을 나타낸다. 부정형은 동사 앞에 '没(有) méi(yǒu)'를 써서 표현한다.

- 我吃过中国菜。 나는 중국요리를 먹어 본 적이 있다.
  Wǒ chīguo Zhōngguócài.
- 我还没去过长城。 나는 아직 만리장성에 가 본 적이 없다.
  Wǒ hái méi qùguo Chángchéng.

② '好吃'

'好吃 hǎochī'는 '好 + 동사'의 형태로 쓰여 '먹기 좋다' 즉, '맛있다'로 해석된다.

- 好看 hǎokàn 예쁘다
- 好听 hǎotīng 듣기 좋다
- 好喝 hǎohē 맛있다
- 好玩儿 hǎowánr 재미있다

③ 조동사 '应该'와 '要'

'应该 yīnggāi'와 '要 yào'는 모두 '~해야 한다'라는 의미이지만, '要'는 강제성을 띠는 반면 '应该'는 도리상 '마땅히 ~을 해야 한다'는 의미를 지닌다.

- 我们应该感谢我们的父母。 우리는 우리의 부모님께 감사해야 해요.
  Wǒmen yīnggāi gǎnxiè wǒmen de fùmǔ.
- 现在我要去上课。 지금 저는 수업하러 가야 해요.
  Xiànzài wǒ yào qù shàngkè.

참고 단어

中国菜 Zhōngguócài 명 중국요리 | **长城** Chángchéng 명 만리장성 | **感谢** gǎnxiè 명 감사 동 감사하다 |
父母 fùmǔ 명 부모

듣기 🎧
听一听

1 녹음을 듣고, 성조를 표기해 보세요. 09-04

1) qingke

2) xihuan

3) haochi

4) kaoya

5) canting

6) mingcai

2 녹음을 듣고, 사진과 일치하면 O표, 틀리면 X표를 하세요. 09-05

1)

2)

3)

3 녹음을 듣고, 내용과 일치하는 사진을 골라 번호를 쓰세요. 09-06

1)

2)

3)

❶

❷

❸

✏️ **참고 단어**

日本菜 rìběncài 일본 요리

말하기 🎤

说一说

1 밑줄 친 부분을 바꾸어 문장을 연습해 보세요. 🔊 09-07

我<u>吃饭</u>了。 Wǒ chī fàn le.

我没(有)<u>吃饭</u>。 Wǒ méi(yǒu) chī fàn.

1)

看电影
kàn diànyǐng
영화 보다

2)

学习
xuéxí
공부하다

3)

买书
mǎi shū
책을 구매하다

2 밑줄 친 부분을 바꾸어 문장을 연습해 보세요. 🔊 09-08

我会<u>说汉语</u>。 Wǒ huì shuō Hànyǔ.

我不会<u>说汉语</u>。 Wǒ bú huì shuō Hànyǔ.

1)

唱歌
chànggē
노래 부르다

2)

踢足球
tī zúqiú
축구하다

3)

开车
kāichē
운전하다

3 자신이 먹어 본 중국 음식을 소개해 보세요.

我吃过 _____。 Wǒ chīguo _____.

쓰기 ✏️
写一写

1 보기에서 알맞은 단어를 골라 문장을 완성하세요.

> **보기**
>
> 应该 yīnggāi　　还 hái　　过 guo　　请客 qǐngkè　　会 huì

1) 今天我 ＿＿＿＿＿ 。　오늘은 내가 한턱낼게.

2) 你吃 ＿＿＿＿＿ 中国菜吗?　당신은 중국요리를 먹어 본 적 있나요?

3) 我 ＿＿＿＿＿ 没去过长城。　나는 아직 만리장성에 가 본 적이 없어요.

4) 咱们 ＿＿＿＿＿ 去尝一尝。　우리 가서 맛을 보아야 해요.

2 다음 단어를 알맞은 순서로 배열하세요.

1) 말해 보세요. 당신 말대로 할게요.

> 听 tīng　/　我 wǒ　/　你的 nǐ de　/　吧 ba　/　你 nǐ　/　说 shuō

　➡ ＿＿＿＿＿＿＿＿＿＿＿＿＿＿＿＿＿＿＿＿＿＿＿＿＿＿

2) 제가 당신에게 마라샹궈를 만들어 줄게요.

> 做 zuò　/　我 wǒ　/　你 nǐ　/　麻辣香锅 málàxiāngguō　/　给 gěi

　➡ ＿＿＿＿＿＿＿＿＿＿＿＿＿＿＿＿＿＿＿＿＿＿＿＿＿＿

3) 카오야는 베이징의 유명한 요리예요.

> 名菜 míngcài　/　的 de　/　是 shì　/　北京 Běijīng　/　烤鸭 kǎoyā

　➡ ＿＿＿＿＿＿＿＿＿＿＿＿＿＿＿＿＿＿＿＿＿＿＿＿＿＿

확인 🔍
总结一下

🌸 알맞은 말이 되도록 문장을 연결한 후, 대화해 보세요.

🎧 09-09

1) 中午咱们吃什么？

A 好啊。我喜欢吃中国菜。

2) 我们去中国餐厅吃饭，怎么样？

B 你说吧。我听你的。

3) 今天我请客。

C 不。咱们各付各的。

4) 你吃饭了吗？

D 我还没吃呢。

🎧 09-10

1) 我会做麻辣香锅。我给你做。

A 我吃过，很好吃。

2) 你喜欢吃韩国菜吗？

B 对。咱们应该去尝一尝。

3) 你吃过北京烤鸭吗？

C 真的吗？我很喜欢吃中国菜。

4) 烤鸭是北京的名菜。

D 我非常喜欢吃。

〰️ 참고 단어

各付各的 gè fù gè de 동 더치페이하다(=AA制 AAzhì) | **非常** fēicháng 부 매우, 대단히

火锅
huǒguō
훠궈

糖醋里脊
tángcùlǐji
탕수육

锅包肉
guōbāoròu
꿔바로우

东坡肉
dōngpōròu
동파육

干烹鸡
gānpēngjī
깐풍기

辣椒鸡
làjiāojī
라조기

溜三丝
liūsānsī
유산슬

全家福
quánjiāfú
전가복

羊肉串儿
yángròuchuànr
양꼬치

拔丝地瓜
básīdìguā
고구마맛탕

중국 문화 산책

실크로드의 출발점인 시안(西安 Xī'ān)은 주(周), 진(秦), 한(汉), 수(隋), 당(唐) 등 13개의 왕조를 거치며, 정치, 경제, 문화의 중심지였던 역사적인 도시이다. 시안의 시내 및 외곽의 많은 역사적 유적지는 중국의 1천년 역사를 엿볼 수 있으며, 대안탑(大雁塔 dàyàntǎ), 진시황 병마용(秦始皇兵马俑 Qínshǐhuángbīngmǎyǒng), 화청지(华清池 huáqīngchí) 등 볼거리가 다양하다.

+ 대안탑(大雁塔)
당나라 때 현장법사가 인도에서 가져온 불경을 보관하기 위해 세운 7층탑

+ 양귀비(杨贵妃) 묘(墓)

+ 장한가(长恨歌)
려산의 대자연을 배경으로 화청지(华清池)에서 펼쳐지는 당현종과 양귀비의 사랑 이야기를 그린 중국 최초의 역사 뮤지컬

+ 병마용 박물관(兵马俑博物馆)

UNIT 10

请问，
百货商店在哪儿?

Qǐngwèn, bǎihuòshāngdiàn zài nǎr?

실례지만, 백화점은 어디에 있어요?

학습 목표

1. 길 묻기 请问，百货商店在哪儿?
2. 교통수단 怎么去?
3. 얼마나 걸려요? 要多长时间?

영화 〈아바타〉의 촬영지 장지아제(張家界)

사진으로
배우는
중국어

自动扶梯
zìdòng fútī
에스컬레이터

电梯
diàntī
엘리베이터

服务台
fúwùtái
안내데스크

洗手间
xǐshǒujiān
화장실

🎧 10-01

朴大韩
请问，百货商店在哪儿?
Qǐngwèn, bǎihuòshāngdiàn zài nǎr?

路人
在王府井。
Zài Wángfǔjǐng.

王府井是北京有名的地方之一。
Wángfǔjǐng shì Běijīng yǒumíng de dìfang zhī yī.

朴大韩
离这儿远吗?
Lí zhèr yuǎn ma?

路人
不远。
Bù yuǎn.

✎ 새 단어

请问 qǐngwèn 통 실례합니다, 말씀 좀 묻겠습니다 | **百货商店** bǎihuòshāngdiàn 명 백화점 | **王府井** Wángfǔjǐng 지명 왕푸징 | **有名** yǒumíng 형 유명하다 | **地方** dìfang 명 장소, 곳 | **之一** zhī yī ~중의 하나 | **离** lí 전 ~로부터 | **远** yuǎn 형 멀다

① 请问

중국어에 존댓말은 없지만 존칭이나 겸양어, 공손한 표현들은 있다.
'请问 qǐngwèn'은 공손한 표현으로 '실례합니다' 혹은 '말씀 좀 묻겠습니다'라는 뜻이다. '请 qǐng'
은 동사 앞에 쓰여 정중함을 표현한다.

- 请进。Qǐng jìn. 들어오세요.
- 请听一听。Qǐng tīng yi tīng. 좀 들어보세요.
- 请喝咖啡。Qǐng hē kāfēi. 커피 드세요.

② 王府井是北京有名的地方之一。

'…之一 … zhī yī'는 주로 문장의 끝에 쓰이며 '~중의 하나'라는 의미를 나타낸다.

- 这是我最喜欢的水果之一。
  Zhè shì wǒ zuì xǐhuan de shuǐguǒ zhī yī.
  이것은 내가 가장 좋아하는 과일 중 하나이다.
- 上海是中国最大的城市之一。
  Shànghǎi shì Zhōngguó zuì dà de chéngshì zhī yī.
  상하이는 중국에서 가장 큰 도시 중 하나이다.

③ 离

'离 lí'는 '~로부터', '~에서'라는 뜻의 전치사이다. 보통 '离' 뒤에는 장소가 오고, '远 yuǎn 멀다' 혹
은 '近 jìn 가깝다' 등의 형용사가 온다.

> 주어 + 离 + 장소 + 远 / 近

- 我家离这儿很近。우리 집은 여기서 가까워요.
  Wǒ jiā lí zhèr hěn jìn.
- 学校离这儿不太远。학교는 여기서 그리 멀지 않아요.
  Xuéxiào lí zhèr bú tài yuǎn.

◦ 참고 단어

进 jìn 통 (바깥에서 안으로) 들다 | **最** zuì 부 가장, 제일 | **水果** shuǐguǒ 명 과일 | **城市** chéngshì 명 도시 |
近 jìn 형 가깝다

회화 2

朴大韩　　明天你去哪儿?
Míngtiān nǐ qù nǎr?

李秀英　　我去天安门。
Wǒ qù Tiān'ānmén.

朴大韩　　你坐什么去?
Nǐ zuò shénme qù?

李秀英　　我坐公交车去。
Wǒ zuò gōngjiāochē qù.

时间太晚了。 我们快走吧。
Shíjiān tài wǎn le. Wǒmen kuài zǒu ba.

새 단어

天安门 Tiān'ānmén 명 천안문 | **坐** zuò 동 타다, 앉다 | **公交车** gōngjiāochē 명 버스 | **太…了** tài … le 너무 ~하다 | **晚** wǎn 형 늦다 | **快** kuài 부 빨리 형 빠르다 | **走** zǒu 동 걷다, 가다

학습 포인트

① '走'와 '去'

'走 zǒu'는 단순히 '지금 이 자리를 이동하다'라는 의미로 뒤에 장소 목적어가 오지 않는 반면, '去 qù' 뒤에는 장소 목적어가 온다.

- 走吧。 Zǒu ba. 가자. [단순히 이 자리를 이동함, 목적지 없음]
- 去吧。 Qù ba. 가자. [목적지 있음]
- 去吃饭吧。 Qù chī fàn ba. 가서 밥 먹자.
  * 走吃饭吧。（✗）

② '坐'와 '骑'

'坐 zuò'는 좌석이 있는 교통수단(버스, 택시, 지하철, 기차, 비행기, 배 등)을 탈 때 사용하며, 기마 자세로 타는 교통수단(자전거, 오토바이, 말 등)은 '骑 qí'를 사용한다.

坐 zuò	公交车 gōngjiāochē 버스, 出租车 chūzūchē 택시, 地铁 dìtiě 지하철, 火车 huǒchē 기차, 飞机 fēijī 비행기, 船 chuán 배
骑 qí	自行车 zìxíngchē 자전거, 摩托车 mótuōchē 오토바이, 马 mǎ 말

 TIP '公交车 gōngjiāochē'는 '公共汽车 gōnggòngqìchē'라고 표현하기도 하며, 영어의 'bus'를 음역하여 '巴士 bāshì'라고도 말한다. 공항 리무진은 '机场巴士 jīcháng bāshì'라고 부른다.

③ 太…了

여기에서 '太 tài'는 부사로 쓰여 성노가 매우 높음을 나타낸다.

太 + 형용사 + 了

- 太好了。 Tài hǎo le. 정말 좋다.
- 太有意思了。 Tài yǒu yìsi le. 정말 재미있다.
- 太好吃了。 Tài hǎochī le. 정말 맛있다.

회화 3

宋丽丽　你怎么去机场?
　　　　Nǐ zěnme qù jīchǎng?

朴大韩　我打的去机场。
　　　　Wǒ dǎdī qù jīchǎng.

宋丽丽　要多长时间?
　　　　Yào duōcháng shíjiān?

朴大韩　大概要一个小时。
　　　　Dàgài yào yí ge xiǎoshí.

🖊 새 단어

怎么 zěnme 대 어떻게, 어째서, 왜 | **机场** jīchǎng 명 공항 | **打的** dǎdī 동 택시를 타다 | **要** yào 동 (시간이) 걸리다 | **多长时间** duōcháng shíjiān 얼마나(긴 시간) | **大概** dàgài 부 약, 대략 | **小时** xiǎoshí 명 시간

학습 포인트

① 怎么

'怎么 zěnme'는 의문사로 방법이나 수단을 물어볼 때 사용된다.

- A: **你怎么去中国？** 어떻게(뭐 타고) 중국에 갈 거예요?
  Nǐ zěnme qù Zhōngguó?

- B: **我坐飞机去中国。** 비행기 타고 중국에 갈 거예요.
  Wǒ zuò fēijī qù Zhōngguó.

② 要

'要 yào'는 '(시간이) 걸리다', '필요하다'라는 뜻으로 '得 děi'와 바꿔 쓸 수 있다.

- A: **到火车站要多长时间？** 기차역까지 얼마나 걸려요?
  Dào huǒchēzhàn yào duōcháng shíjiān?

- B: **用不了一个小时。** 한 시간 안 걸려요.
  Yòng bu liǎo yí ge xiǎoshí.

③ 多长

'多+형용사'의 형태는 의문문을 형성한다. 여기서 '多 duō'는 '많다'의 뜻이 아니라 '얼마나'라는 뜻으로 의문사 역할을 한다.

多 + 형용사 = 의문문

- **多远？** Duō yuǎn? 얼마나 멀어요? [거리]
- **多长？** Duō cháng? 얼마나 길어요? [길이]
- **多重？** Duō zhòng? 얼마나 무거워요? [무게]
- **多大？** Duō dà? 나이가 어떻게 돼요? [나이]
- **多高？** Duō gāo? 키가 몇이에요? [높이]

참고 단어

飞机 fēijī 명 비행기 | **火车站** huǒchēzhàn 기차역 | **用不了** yòng bu liǎo 걸리지 않다 | **长** cháng 형 길다 |
重 zhòng 형 무겁다 | **高** gāo 형 높다

듣기 🎧
听一听

1 녹음을 듣고 일치하는 발음을 골라 ∨표 하세요. 🔊 10-04

1) 机场　　❶ ⬡　　❷ ⬡　　❸ ⬡

2) 汽车　　❶ ⬡　　❷ ⬡　　❸ ⬡

3) 时间　　❶ ⬡　　❷ ⬡　　❸ ⬡

2 녹음을 듣고, 그림과 일치하면 O표, 틀리면 X표를 하세요. 🔊 10-05

1)

2)

3)

3 녹음을 듣고, 내용과 일치하는 그림을 골라 번호를 쓰세요. 🔊 10-06

1) ⬡　　　　2) ⬡　　　　3) ⬡

❶

❷

❸

말하기 🎙️
说一说

1 밑줄 친 부분을 바꾸어 대화해 보세요. 🎧 10-07

A: 你去哪儿? Nǐ qù nǎr?

B: 我去<u>天安门</u>。 Wǒ qù <u>Tiān'ānmén</u>.

1)

图书馆
túshūguǎn
도서관

2)

商店
shāngdiàn
상점

3)

超市
chāoshì
슈퍼마켓

2 밑줄 친 부분을 바꾸어 대화해 보세요. 🎧 10-08

A: 你怎么去? Nǐ zěnme qù?

B: 我<u>骑自行车</u>去。 Wǒ <u>qí zìxíngchē</u> qù.

1)

坐公交车
zuò gōngjiāochē
버스를 타다

2)

坐地铁
zuò dìtiě
지하철을 타다

3)

坐火车
zuò huǒchē
기차를 타다

3 자신이 가고 싶은 곳과 교통수단, 소요 시간을 소개해 보세요.

예 我去书店。离我家不太远。骑自行车去大概要半个小时。
Wǒ qù shūdiàn. Lí wǒ jiā bú tài yuǎn. Qí zìxíngchē qù dàgài yào bàn ge xiǎoshí.

쓰기 ✏️
写一写

1 보기에서 알맞은 단어를 골라 문장을 완성하세요.

> **보기**
>
> 打 dǎ　　要 yào　　离 lí　　坐 zuò　　请问 qǐngwèn

1) _____ ，洗手间在哪儿？ 실례합니다, 화장실은 어디에 있나요?

2) 百货商店 _____ 这儿远吗？ 백화점은 여기에서 먼가요?

3) 我 _____ 公交车去。 나는 버스타고 갈 거예요.

4) _____ 多长时间？ 얼마나 걸리나요?

2 다음 단어를 알맞은 순서로 배열하세요.

1) 공항에 뭐 타고 가실 거예요?

机场 jīchǎng　/　去 qù　/　你 nǐ　/　怎么 zěnme

➡ _____

2) 슈퍼마켓은 여기서 멀어요?

远 yuǎn　/　这儿 zhèr　/　离 lí　/　吗 ma　/　超市 chāoshì

➡ _____

3) 대략 한 시간 걸려요.

小时 xiǎoshí　/　大概 dàgài　/　一个 yí ge　/　要 yào

➡ _____

🌸 알맞은 말이 되도록 문장을 연결한 후, 대화해 보세요.

10-09

1) 请问，
百货商店在哪儿？

A 不太远。

2) 王府井离这儿远吗？

B 就在那儿。

3) 怎么去王府井？

C 在王府井。

4) 请问，洗手间在哪儿？

D 打的去吧。

10-10

1) 你家离这儿远吗？

A 用不了一个小时。

2) 你坐机场巴士去机场吗？

B 我家离这儿很近。

3) 去机场要多长时间？

C 骑自行车去上班。

4) 你每天怎么去上班？

D 不。我坐地铁去。

停车场
tíngchēchǎng
주차장

便利店
biànlìdiàn
편의점

咖啡厅
kāfēitīng
커피숍

饭馆儿
fànguǎnr
식당

小卖部
xiǎomàibù
매점, 스낵바

购物商场
gòuwù shāngchǎng
아울렛, 쇼핑몰

公交车站
gōngjiāochē zhàn
버스정류장

公共厕所
gōnggòng cèsuǒ
공중화장실

邮局
yóujú
우체국

电影院
diànyǐngyuàn
영화관

중국 문화 산책

장지아제(张家界) 및 평황 고성(凤凰古城)

장지아제(张家界 Zhāngjiājiè)는 높이가 50m에서 300m에 이르는 하늘을 찌를 듯한 3,000개의 봉우리로 이루어진 산이다. 2008년 세계문화유산에 등재된 평황 고성(凤凰古城 Fènghuáng gǔchéng)은 중국 9대 무릉도원 중 하나이다. 이곳은 중국인 최초로 노벨문학상 최종 후보에 오른 대문호 심종문(沈从文)의 고향이기도 하다.

✦ 장지아제(张家界)

✦ 샹시(湘西) 평황 고성(凤凰古城)

UNIT 11

这个多少钱?

Zhè ge duōshao qián?

이거 얼마예요?

창장산샤(长江三峡)

사진으로 배우는 중국어

买一送一
měi yī sòng yī
1+1, 하나를 사면 하나는 무료

收银台
shōuyíntái
계산대

支付宝
zhīfùbǎo
알리페이(Alipay)

微信支付
Wēixìn zhīfù
위챗페이(Wechat pay)

八八折
bābā zhé
12% OFF
소비자가 88%를 지불하고,
판매자가 12% 깎아준다는 의미

회화 1

朴大韩 冬天来了。我想买件衣服。
Dōngtiān lái le. Wǒ xiǎng mǎi jiàn yīfu.

李秀英 我也要买东西。
Wǒ yě yào mǎi dōngxi.

朴大韩 我们什么时候去？
Wǒmen shénme shíhou qù?

李秀英 星期六去，好不好？
Xīngqīliù qù, hǎo bu hǎo?

朴大韩 好。就这样吧。
Hǎo. Jiù zhèyàng ba.

| 참 고 |
'就这样吧。Jiù zhèyàng ba.'는
'이렇게(그렇게) 합시다.'라는 의미로
상대방의 의견에 동의할 때 쓰인다.

새 단어

冬天 dōngtiān 명 겨울 | 了 le 조 변화를 나타내는 어기조사 | 想 xiǎng 조동 ~하고 싶다 | 买 mǎi 동 사다 |
件 jiàn 양 벌(옷을 셀 때 쓰는 단위) | 衣服 yīfu 명 옷 | 要 yào 조동 ~하려고 하다 | 东西 dōngxi 명 물건 |
什么时候 shénme shíhou 대 언제 | 这样 zhèyàng 대 이렇게

학습 포인트

① 어기조사 '了2'(변화)

어기조사 '了 le'는 새로운 상황의 출현이나 변화를 나타낸다. 따라서 '冬天了。'는 '겨울이었다' 라는 과거형이 아니라 '겨울이 되었다', '겨울이다'라고 변화의 의미로 해석해야 한다.

- **咖啡没有了。** 커피가 다 떨어졌다.(이전엔 커피가 있었다.)
  Kāfēi méiyǒu le.

- **最近他不忙了。** 요즘 그는 한가하다.(이전엔 바빴다.)
  Zuìjìn tā bù máng le.

② 조동사 '想'과 '要'

조동사 '想 xiǎng'과 '要 yào'는 모두 동사 앞에 놓이는데, '想'은 '~하고 싶다'라는 뜻으로 기대나 바람을 나타내며 '要'는 '~하려고 하다'라는 뜻으로 주관적 의지를 나타낸다.

- **我想去中国。** 나는 중국에 가고 싶다. [막연한 바람]
  Wǒ xiǎng qù Zhōngguó.

- **我要去中国。** 나는 중국에 가려고 한다. [강한 의지]
  Wǒ yào qù Zhōngguó.

③ 星期六去，好不好?

상대방의 의견을 물을 때 사용하는 '好不好? Hǎo bu hǎo?'는 '어때요?'라는 의미로 '好吗 hǎo ma?' 혹은 '怎么样 zěnmeyàng?'으로 바꾸어 말할 수 있다.

- **下课后我们一起吃饭，好不好?**
  Xiàkè hòu wǒmen yìqǐ chī fàn, hǎo bu hǎo?
  수업 끝나고 함께 식사하면 어때요?

- **明天去长城玩儿，怎么样?**
  Míngtiān qù Chángchéng wánr, zěnmeyàng?
  내일 만리장성에 놀러 가는 게 어떨까요?

참고 단어

最近 zuìjìn 명 요즘, 최근

회화 2 💬

朴大韩　　我喜欢这件毛衣。
　　　　　Wǒ xǐhuan zhè jiàn máoyī.

　　　　　多少钱一件？
　　　　　Duōshao qián yí jiàn?

售货员　　三百块。
　　　　　Sānbǎi kuài.

朴大韩　　有点儿贵。　便宜点儿吧。
　　　　　Yǒudiǎnr guì.　Piányi diǎnr ba.

售货员　　对不起！　我们这儿不打折。
　　　　　Duìbuqǐ!　Wǒmen zhèr bù dǎzhé.

> **참고**
>
> '我们这儿'은 '우리 이곳',
> 즉 '상점'이란 뜻이다.

새 단어

毛衣 máoyī 몡 스웨터 ｜ **有点儿** yǒudiǎnr 본 조금, 약간 ｜ **贵** guì 혱 비싸다 ｜ **便宜** piányi 혱 싸다 ｜ **一点儿**
yìdiǎnr 양 조금, 약간 ｜ **打折** dǎzhé 동 할인하다

학습 포인트

① 양사 '件'

양사 '件 jiàn'은 의복이나 일 등을 셀 때 사용하는 단위이다. 명사 앞에 지시대명사가 놓일 경우의 어순은 '지시대명사+수사+양사+명사'이다. 보통 양사 앞에 놓인 수사 '一 yī'는 생략하며, 수사 '两 liǎng'부터는 생략하지 않는다.

- 这(一)件衣服 zhè (yí) jiàn yīfu 이 옷
- 这(一)件事 zhè (yí) jiàn shì 이 일
- 这两件衣服 zhè liǎng jiàn yīfu 이 옷 두 벌

② '一点儿'과 '有点儿'

'一点儿 yìdiǎnr'과 '有点儿 yǒudiǎnr'은 모두 '조금, 약간'의 뜻이지만, 쓰이는 상황이 다르다. '一点儿'은 형용사나 동사 뒤에 놓이는 반면, '有点儿'은 형용사 앞에 놓여 불만족스럽거나 순조롭지 않은 상황에서 쓰는 표현이다.

- 我会说一点儿汉语。 나는 중국어를 조금 할 줄 알아요.
  Wǒ huì shuō yìdiǎnr Hànyǔ.
- 这件衣服有点儿贵。 이 옷은 조금 비싸네요.
  Zhè jiàn yīfu yǒudiǎnr guì.

③ 我们这儿不打折。

'打折 dǎzhé'는 '할인하다'라는 뜻으로, 할인율(%)은 '打折' 가운데 숫자를 넣어서 표기한다. 표기된 할인율(%)의 숫자만큼 소비자가 지불하는 것을 의미하는데, 예를 들어 '打八折'는 '80%의 금액을 소비자가 지불하고 20%의 금액을 할인 받는다'는 의미이다.

- A: 打几折? 몇 % 할인되나요?
  Dǎ jǐ zhé?
- B: 打八折。 20% 할인됩니다.
  Dǎ bā zhé.

참고 단어

事 shì 명 일, 사건

🎧 11-03

李秀英　草莓怎么卖?
　　　　Cǎoméi zěnme mài?

售货员　三十块一斤。 你要多少?
　　　　Sānshí kuài yì jīn. Nǐ yào duōshao?

李秀英　要两斤。
　　　　Yào liǎng jīn.

售货员　还要别的吗?
　　　　Hái yào bié de ma?

李秀英　不要了。
　　　　Bú yào le.

🔖 새 단어

草莓 cǎoméi 명 딸기 ┃ **卖** mài 동 팔다 ┃ **斤** jīn 양 근(무게 단위) ┃ **别的** bié de 다른 것

❶ 怎么卖?

'怎么卖? Zěnme mài?'는 가격을 묻는 표현으로 '어떻게 팔아요?', '얼마예요?'라는 뜻이다. '多少钱? Duōshao qián?'과 같은 의미로 쓰인다.

❷ 동사 '要'와 조동사 '要'

동사 '要 yào'는 '원하다, 필요로 하다'의 뜻으로 동사 '要' 뒤에 바로 명사가 놓일 수 있다. 반면, 조동사 '要'는 '~을 하려고 하다(주관적 의지)'의 뜻으로 조동사 '要' 뒤에는 본동사가 놓이게 된다.

- 我要橘子。 나는 귤이 필요하다. [동사]
  Wǒ yào júzi.

- 我要买橘子。 나는 귤을 사려고 한다. [조동사]
  Wǒ yào mǎi júzi.

❸ 명사구를 만드는 '的'

여기서 '的'는 동사, 명사, 형용사, 인칭대명사 뒤에 놓여 '(~의) 것'이란 뜻으로 명사구를 형성한다.

- 这是我的。 이것은 제 것입니다.
  Zhè shì wǒ de.

- 我要冰的。 차가운 것으로 주세요.
  Wǒ yào bīng de.

- 这是吃的吗? 이거 먹는 거예요?
  Zhè shì chī de ma?

참고 단어

橘子 júzi 귤 ┃ **冰** bīng 명 얼음 형 차갑다

듣기 🎧
听一听

1 녹음을 듣고, 가격표에 알맞은 가격을 쓰세요. `11-04`

1)

多少钱？

2)

多少钱？

2 녹음을 듣고, 그림과 일치하면 O표, 틀리면 X표를 하세요. `11-05`

1)

2)

3)

3 녹음을 듣고, 내용과 일치하는 그림을 골라 번호를 쓰세요. `11-06`

1)

2)

3)

1 밑줄 친 부분을 바꾸어 말해 보세요. 🔊 11-07

我想买衣服。 Wǒ xiǎng mǎi yīfu.

1)

看电影
kàn diànyǐng
영화를 보다

2)

逛街
guàngjiē
쇼핑하다

3)

去旅行
qù lǚxíng
여행을 가다

2 밑줄 친 부분을 바꾸어 대화해 보세요. 🔊 11-08

A: 多少钱？ Duōshao qián?

B: 100块钱。 Yìbǎi kuài qián.

1)

35元

2)

120元

3)

16元

3 물건 가격을 흥정하는 상황을 연습해 보세요.

A: 多少钱？
　　duōshao qián?

B: 块钱。
　　kuài qián.

A: 太贵了。便宜点儿吧。
　　Tài guì le. Piányi diǎnr ba.

B: ，怎么样？
　　, zěnmeyàng?

⋮

⋮

쓰기 ✏️
写一写

1 보기에서 알맞은 단어를 골라 대화를 완성하세요.

> **보기**
>
> 有点儿 yǒudiǎnr   还 hái   (一)点儿 (yì)diǎnr
>
> 就 jiù   多少 duōshao

1) 这件衣服＿＿＿＿＿贵。 이 옷은 조금 비싸네요.

2) ＿＿＿＿＿钱，一件？ 한 벌에 얼마인가요?

3) 太贵了。便宜＿＿＿＿＿吧。 너무 비싸요. 좀 싸게 해 주세요.

4) ＿＿＿＿＿要别的吗？ 다른 게 더 필요하신가요?

2 다음 단어를 알맞은 순서로 배열하세요.

1) 나는 이 옷이 마음에 들어요.

衣服 yīfu / 这 zhè / 我 wǒ / 喜欢 xǐhuan / 件 jiàn

➡ ＿＿＿＿＿＿＿＿＿＿＿＿＿＿＿＿＿＿

2) 우리 이곳은 할인이 안 돼요.

打折 dǎzhé / 不 bù / 这儿 zhèr / 我们 wǒmen

➡ ＿＿＿＿＿＿＿＿＿＿＿＿＿＿＿＿＿＿

3) 딸기는 어떻게 팔아요?

卖 mài / 怎么 zěnme / 草莓 cǎoméi

➡ ＿＿＿＿＿＿＿＿＿＿＿＿＿＿＿＿＿＿

확인

总结一下

알맞은 말이 되도록 문장을 연결한 후, 대화해 보세요.

11-09

1)　你想买什么？

2)　你要买什么？

3)　我们什么时候去？

4)　星期六下午去，好不好？

A　我要买汉语书。

B　我想买一件衣服。

C　好啊。就这样吧。

D　星期天去，怎么样？

11-10

1)　我喜欢这件毛衣。
　　多少钱一件？

2)　太贵了。
　　便宜点儿吧。

3)　打折吗？

4)　草莓怎么卖？

A　三十五块一斤。

B　打八折。

C　好。一百五，怎么样？

D　一百八。

苹果
píngguǒ
사과

弥猴桃
míhóutáo
키위

芒果
mángguǒ
망고

荔枝
lìzhī
리치

菠萝
bōluó
파인애플

葡萄
pútao
포도

柿子
shìzi
감

西瓜
xīguā
수박

梨(子)
lí(zi)
배

桃子
táozi
복숭아

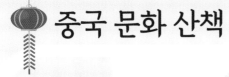

중국 문화 산책

창장산샤(长江三峡)

장제스(蒋介石 Jiǎng Jièshí)가 타이완으로 축출될 때, 온갖 보물들을 다 싣고 가면서 창장산샤(长江三峡 Chángjiāng sānxiá)를 두고 가는 것을 못내 아쉬워했다는 일화가 있다. 창장산샤에는 관우의 원수를 갚기 위해 70만 대군으로 진격했던 유비가 오나라에 크게 패한 뒤 중병을 얻어 생을 마감한 곳인 백제성(白帝城)이 있다.

➕ 창장산샤(长江三峡)

 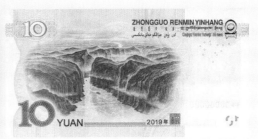

➕ 중국 인민폐 10위안 뒷면에 실려 있는 창장산샤의 시작점 기문(夔门)

➕ 유비가 생을 마감한 충칭시 펑제(奉节)의 백제성(白帝城)

UNIT 12

我请你来我家吃饭。

Wǒ qǐng nǐ lái wǒ jiā chī fàn.

당신을 우리 집으로 식사 초대하려고 해요.

학습 목표

1. 초대하기 我请你来我家吃饭。
2. 건배하기 为我们的友谊干杯!
3. 대접하기 请多吃点儿。像在家一样。

만한췐시(满汉全席)

사진으로
배우는
중국어

佛跳墙
fótiàoqiáng
불도장

사원에서 불경을
읽고 있던 한 스님이
이 요리 냄새에 취해
담장을 넘으려다가
하인에게 들켰다는
데서 유래한 요리

魚翅
yúchì
샥스핀

상어지느러미 요리

梦之蓝
mèngzhīlán
멍즈란

중국몽(中国梦)을 강조하는 시진핑(习近平)
주석이 즐겨 마시는 술로 유명

燕窝羹
yànwōgēng
제비집스프

바다제비의 타액으로 만든 요리

회화 1 💬

12-01

宋丽丽　**这星期六你有时间吗？**
Zhè xīngqīliù nǐ yǒu shíjiān ma?

朴大韩　**下午我去图书馆看书。**
Xiàwǔ wǒ qù túshūguǎn kàn shū.

晚上我有空儿。
Wǎnshang wǒ yǒu kòngr.

宋丽丽　**我请你来我家吃饭。**
Wǒ qǐng nǐ lái wǒ jiā chī fàn.

朴大韩　**你太客气了。　真不好意思。**
Nǐ tài kèqi le.　　Zhēn bù hǎoyìsi.

◝ **새 단어**

图书馆 túshūguǎn 명 도서관 ｜ **书** shū 명 책 ｜ **空儿** kòngr 명 시간, 짬, 틈 ｜ **请** qǐng 동 청하다 ｜ **客气** kèqi 형
격식 차리다 ｜ **不好意思** bù hǎoyìsi 쑥스럽다, 겸연쩍다, 미안하다

❶ 空儿

'空'은 'kòng'과 'kōng' 두 가지 발음이 있는데, 여기서는 제4성 'kòng(명사)'으로 발음하며, '시간', '짬', '틈'의 의미를 나타낸다. 이때는 '儿'을 붙여 'kòngr'로 읽는다. 제1성 'kōng(형용사)'으로 읽으면 '빈' 혹은 '비어있는'이라는 의미가 된다.

- A: 你有空儿吗? 我们一起玩儿吧。 너 시간 있어? 우리 함께 놀자.
  Nǐ yǒu kòngr ma? Wǒmen yìqǐ wánr ba.

  B: 我没有空儿，很忙。 나 시간 없어, 바빠.
  Wǒ méiyǒu kòngr, hěn máng.

- A: 有空房间吗? 빈 방이 있나요?
  Yǒu kōng fángjiān ma?

  B: 没有空房间。都住满了。 빈 방이 없어요. 모두 꽉 찼어요.
  Méiyǒu kōng fángjiān. Dōu zhù mǎn le.

❷ 我请你来我家吃饭。

겸어문이란 한 문장이 두 개의 동사구로 이루어지고 앞에 있는 동사의 목적어가 뒤에 있는 동사의 주어가 되는 문장을 말한다. 겸어문의 동사는 '请 qǐng', '让 ràng', '叫 jiào' 등이 있다. '我请你来我家吃饭。 Wǒ qǐng nǐ lái wǒ jiā chī fàn.'을 분석하면 아래와 같다.

- 我请你。 나는 당신을(목적어) 초대한다.
- 你来我家吃饭。 당신은(주어) 식사하러 우리 집에 온다.

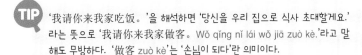

TIP '我请你来我家吃饭。'을 해석하면 '당신을 우리 집으로 식사 초대할게요.'라는 뜻으로 '我请你来我家做客。 Wǒ qǐng nǐ lái wǒ jiā zuò kè.'라고 말해도 무방하다. '做客 zuò kè'는 '손님이 되다'란 의미이다.

회화 2

宋丽丽	欢迎欢迎。请这儿坐。 Huānyíng huānyíng. Qǐng zhèr zuò.
朴大韩, 马克, 李秀英	谢谢! Xièxie!
宋丽丽妈妈	你们喜欢吃什么菜? Nǐmen xǐhuan chī shénme cài?
宋丽丽	我知道你们喜欢吃火锅。 Wǒ zhīdào nǐmen xǐhuan chī huǒguō.
马克	我们先喝酒吧。 Wǒmen xiān hē jiǔ ba.
朴大韩	来,为我们的友谊干杯! Lái, wèi wǒmen de yǒuyì gānbēi!
宋, 马, 李	干杯! Gānbēi!

새 단어

欢迎 huānyíng 동 환영하다 | **菜** cài 명 요리, 음식 | **知道** zhīdào 동 알다 | **火锅** huǒguō 명 훠궈(중국식 샤브샤브) | **先** xiān 부 우선, 먼저 | **酒** jiǔ 명 술 | **来** lái 자 이제 | **为** wèi 전 ~을 위하여 | **友谊** yǒuyì 명 우정 | **干杯** gānbēi 동 건배하다

❶ 欢迎欢迎。

'欢迎欢迎 huānyíng huānyíng'은 '환영합니다', '어서 오세요.'라는 의미로 '欢迎'을 두 번 반복해서 사용하면 친근함을 나타낼 수 있다. 상점이나 음식점에서는 고객에게 '欢迎光临。Huānyíng guānglín.'이라고 인사한다.

❷ 先

'先 xiān'은 부사로 '우선, 먼저'의 뜻을 나타내며, 동사 앞에 놓인다.

- 我们先吃饭吧。우리 우선 밥부터 먹자.
  Wǒmen xiān chī fàn ba.

- 先给我打电话吧。먼저 저에게 전화 주세요.
  Xiān gěi wǒ dǎ diànhuà ba.

❸ 来

여기에서 '来'는 상대방의 주의를 끌 때 쓰는 표현으로 '자, 이제'라는 의미로 쓰였다.

❹ 为

'为 wèi'는 '~을 위하여'라는 뜻으로 동사나 명사 앞에 놓인다.

- 为学习进步干杯! 학습 향상을 위해 건배!
  Wèi xuéxí jìnbù gānbēi!

- 这是为你买的。이것은 널 위해 산거야.
  Zhè shì wèi nǐ mǎi de.

> **TIP** '干杯! Gānbēi!'는 '잔을 다 비우다', 즉 '건배', '원샷'이라는 의미로 '喝光吧! Hēguāng ba!'와 같은 의미이다. '주량 껏 마시자!'는 '随意! Suíyì!'라고 말한다.

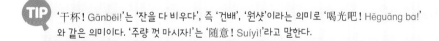

참고 단어

进步 jìnbù 통 진보하다, 향상하다

회화 3 💬

宋丽丽妈妈 请多吃点儿。像在家一样。
Qǐng duō chī diǎnr. Xiàng zài jiā yíyàng.

朴, 马, 李 我们不客气。
Wǒmen bú kèqi.

宋丽丽 这个菜味道怎么样?
Zhè ge cài wèidao zěnmeyàng?

朴大韩 很好吃。
Hěn hǎochī.

李秀英 你怎么不吃了?
Nǐ zěnme bù chī le?

宋丽丽 我吃饱了。 你们慢慢吃。
Wǒ chībǎo le.   Nǐmen mànmàn chī.

⌐ 새 단어

像⋯一样 xiàng ⋯ yíyàng 마치~와 같다 | **不客气** bú kèqi 사양하지 않겠다, 잘 먹겠다 | **味道** wèidao 몡 맛 |
饱 bǎo 혱 배부르다 | **慢** màn 혱 느리다, 천천히

학습 포인트

❶ 像在家一样

'像⋯一样 xiàng ⋯ yíyàng'은 '마치 ~와 같다'라는 뜻으로 쓰인다.

- 她像孩子一样。 Tā xiàng háizi yíyàng. 그녀는 마치 어린 아이 같다.
- 他像中国人一样。 Tā xiàng Zhōngguórén yíyàng. 그는 중국인 같다.

❷ 不客气

여기서 '不客气 bú kèqi'는 '천만에요'가 아니라 '격식 차리지 않겠다', '잘 먹겠다'라는 의미를 나타낸다. 습관상 '不客气' 뒤에 '了'를 붙이기도 한다.

- A: 请多吃点儿。别客气。 많이 드세요. 사양하지 마시고요.
  Qǐng duō chī diǎnr. Bié kèqi.

  B: 那我不客气了。 그럼 잘 먹겠습니다.
  Nà wǒ bú kèqi le.

❸ 我吃饱了。

'饱 bǎo'는 동사의 뒤에 놓여 동사의 의미를 보충해 주는 역할을 하는 결과보어이다.
'我吃饱了'에서 결과보어 '饱'는 동사 '吃 chī' 뒤에 놓여 '먹은 결과 배부르다' 즉, '배불리 먹었다'라는 뜻을 나타낸다.

- 吃完了 chīwán le 다 먹었다
- 吃好了 chīhǎo le 잘 먹었다
- 吃光了 chīguāng le (접시에 빛이 날 정도로) 싹 먹어치웠다

❹ 你们慢慢吃。

'你们慢慢吃。 Nǐmen mànmàn chī.'은 '천천히 드세요.'라는 뜻으로 관용적인 인사말이다.
자신은 다 먹었고 상대방이 아직 다 먹지 않았을 때 사용한다.

참고 단어

孩子 háizi 명 아이. 아동

듣기 🎧
听一听

1 녹음을 듣고, 성조를 표기해 보세요. 12-04

1) shijian

2) chibao

3) huanying

4) youyi

5) weidao

6) huoguo

2 녹음을 듣고, 그림과 일치하면 O표, 틀리면 X표를 하세요. 12-05

1)

2)

3)

3 녹음을 듣고, 내용과 일치하는 그림을 골라 번호를 쓰세요. 12-06

1) ⬚

2) ⬚

3) ⬚

❶

❷

❸

말하기 🎤

说一说

1 밑줄 친 부분을 바꾸어 대화해 보세요. 🎧 12-07

A: 我请你<u>来我家吃饭</u>。 Wǒ qǐng nǐ <u>lái wǒ jiā chī fàn</u>.

B: 你太客气了，真不好意思。 Nǐ tài kèqi le, zhēn bù hǎoyìsi.

1)

去饭店吃饭
qù fàndiàn chī fàn
호텔에 가서 식사하다

2)

喝咖啡
hē kāfēi
커피를 마시다

3)

看演唱会
kàn yǎnchànghuì
콘서트를 보다

2 밑줄 친 부분을 바꾸어 말해 보세요. 🎧 12-08

为<u>我们的友谊</u>干杯! Wèi <u>wǒmen de yǒuyì</u> gānbēi!

1) 家庭幸福
jiātíng xìngfú
가정의 행복

2) 学习进步
xuéxí jìnbù
공부의 향상

3) 工作顺利
gōngzuò shùnlì
업무의 순조로움

3 식사 자리에 초대하는 표현을 사용해서 대화해 보세요.

A: 星期六你有时间吗? 我请你吃饭。
Xīngqīliù nǐ yǒu shíjiān ma? Wǒ qǐng nǐ chī fàn.

B: 你太客气了。真不好意思。
Nǐ tài kèqi le. Zhēn bù hàoyìsi.

A: 你喜欢吃什么菜?
Nǐ xǐhuan chī shénme cài?

⋮

1 보기에서 알맞은 단어를 골라 대화를 완성하세요.

> **보기**
>
> 味道 wèidao   饱 bǎo   什么 shénme   先 xiān   为 wèi

1) 我们 ＿＿＿＿ 吃饭吧。 우리 먼저 밥부터 먹어요.

2) ＿＿＿＿ 我们的友谊干杯！ 우리의 우정을 위해서 건배!

3) 这个菜 ＿＿＿＿ 怎么样？ 이 음식 맛은 어떤가요?

4) 我吃 ＿＿＿＿ 了。你们慢慢吃。 저는 배불러요. 천천히 드세요.

2 다음 단어를 알맞은 순서로 배열하세요.

1) 나는 당신을 우리 집으로 식사 초대할 거예요.

吃饭 chī fàn / 你 nǐ / 我家 wǒ jiā / 来 lái / 请 qǐng / 我 wǒ

➡ ＿＿＿＿＿＿＿＿＿＿＿＿＿＿＿＿＿＿＿＿＿＿

2) 내가 알기로 그들은 훠궈를 좋아해요.

火锅 huǒguō / 他们 tāmen / 喜欢 xǐhuan / 知道 zhīdào /

我 wǒ / 吃 chī

➡ ＿＿＿＿＿＿＿＿＿＿＿＿＿＿＿＿＿＿＿＿＿＿

3) 많이 드세요. 사양하지 마시고요.

客气 kèqi / 多 duō / 请 qǐng / 别 bié / 吃点儿 chī diǎnr

➡ ＿＿＿＿＿＿＿＿＿＿＿＿＿＿＿＿＿＿＿＿＿＿

확인 🔍
总结一下

🌸 알맞은 말이 되도록 문장을 연결한 후, 대화해 보세요.

🎧 12-09

1) 周末你有时间吗?

2) 我想请你来我家吃饭。

3) 你喜欢吃什么菜?

4) 来，为我们的友谊干杯!

A　干杯!

B　我喜欢吃火锅。

C　下午我去书店买书。
　　晚上有空儿。

D　你太客气了。
　　真不好意思。

🎧 12-10

1) 请多吃点儿。别客气。

2) 这个菜味道怎么样?

3) 中国菜合你的口味儿吗?

4) 你怎么不吃了?

A　我吃饱了。你们慢慢吃。

B　合我的口味儿。

C　很好吃。

D　我不客气了。

╭• 참고 단어

书店 shūdiàn 명 서점 ｜ **合** hé 동 적합하다 ｜ **口味儿** kǒuwèir 명 입맛

一个碟子
yí ge diézi
접시 한 개

一个碗
yí ge wǎn
밥그릇 한 개

一把勺子
yì bǎ sháozi
숟가락 한 개

一双筷子
yì shuāng kuàizi
젓가락 한 쌍

一把叉子
yì bǎ chāzi
포크 한 개

一把刀子
yì bǎ dāozi
칼 한 개

一个杯子
yí ge bēizi
물컵 한 개

一张餐巾纸
yì zhāng cānjīnzhǐ
냅킨 한 장

一个茶壶
yí ge cháhú
찻 주전자 한 개

一个炒锅
yí ge chǎoguō
중식 프라이팬(웍) 한 개

중국 문화 산책

청나라 황실요리 만한첸시(满汉全席)

청나라 강희제가 예순 살을 맞아 중국 곳곳에서 65살이 넘은 노인 2,800명을 황궁으로 초청하여 연회를 베풀면서 만주족 음식과 한족 음식을 합쳐 상을 차리게 했는데, 이것이 바로 만한첸시의 유래이다. 만한첸시는 하루에 2번, 사흘 동안 이어졌고, 만주족과 한족의 요리 가운데 진수만 모아 놓아 해삼, 전복, 제비집, 샥스핀(상어지느러미), 불도장, 곰발바닥, 사슴뒷다리 요리 같은 고급 요리가 180가지 이상 되었다.

본문 해석 및 정답

你好!
안녕하세요!

본문 해석

회화 1 💬
p.12

➕ 만났을 때

朴大韩 안녕!
宋丽丽 안녕!

회화 2 💬
p.14

➕ 아침에 만났을 때

同学们 선생님, 안녕하세요!
李老师 여러분, 안녕하세요!

➕ 헤어질 때

同学们 선생님, 내일 봬요!
李老师 내일 봅시다!

듣기 🎧
p.16

녹음

1. 1) 老师   2) 同学
   3) 再见
2. 1) 早   2) 您
   3) 明天
3. 1) A: 早上好!
      B: 你早!
   2) A: 再见!
      B: 明天见!

1. 1) lǎoshī   2) tóngxué
   3) zàijiàn
2. 1) zǎo   2) nín
   3) míngtiān
3. 1) ❶   2) ❷

쓰기 ✏️
p.18

1. 1) 老师   2) 早上   3) 见
2. 1) 你们好!
   2) 同学们好!
   3) 明天见!

확인 🔍
p.19

1) B   2) A   3) F
4) E   5) D   6) C

UNIT 02

谢谢!
감사합니다!

본문 해석

회화 1 💬
p.24

➕ 고마울 때

宋丽丽 고마워!
朴大韩 천만에!

➕ 미안할 때

朴大韩 미안해!
宋丽丽 괜찮아!

회화 2 💬
p.26

张老师 잘 지내나요?
李老师 잘 지내요. 장 선생님은요?
张老师 나도 잘 지내요. 바쁘신가요?
李老师 바빠요.

듣기 🎧
p.28

녹음

1. 1) 没关系   2) 对不起
   3) 不客气
2. 1) 忙   2) 很
   3) 累   4) 也
3. 1) A: 谢谢你!
      B: 不客气!
   2) A: 你好吗?
      B: 很好。
   3) A: 对不起!
      B: 没关系!

1. 1) méi guānxi   2) duìbuqǐ
   3) bú kèqi

2. 1) máng   2) hěn

   3) lèi   4) yě

3. 1) ❸   2) ❶   3) ❷

말하기 🎤
p.29

2. 1) 谢谢! – Xièxie! – 감사합니다!

   2) 不客气! – Bú kèqi! – 별말씀을요!

   3) 对不起! – Duìbuqǐ! – 미안합니다!

   4) 没关系! – Méi guānxi! – 괜찮습니다!

쓰기 ✏️
p.30

1. 1) 很   2) 忙   3) 客气

2. 1) 我也很忙。

   2) 他好吗?

   3) 我不累。你呢?

확인 🔍
p.31

1) F   2) A   3) C

4) E   5) D   6) B

UNIT 03

你是哪国人?
당신은 어느 나라 사람입니까?

본문 해석

회화 1 💬
p.36

马克   너는 중국인이야?

李秀英 나는 중국인이 아니야.

马克   너는 어느 나라 사람이야?

李秀英 나는 한국인이야.

회화 2 💬
p.38

宋丽丽 선생님, 성함이 어떻게 되세요?

张老师 내 성은 '장'이야. 네 이름은 뭐니?

宋丽丽 제 성은 '송'이고, 이름은 '송리리'예요.

          만나 뵙게 되어 반가워요.

张老师 나도 만나서 반갑구나.

듣기 🎧
p.40

녹음

1. 1) 中国   2) 什么

   3) 叫   4) 名字

2. 1) 贵   2) 哪

   3) 韩国   4) 不是

3. 1) A: 你是中国人吗?

      B: 不,我是韩国人。

   2) A: 您贵姓?

      B: 我姓王,叫王明。

1. 1) Zhōngguó   2) shénme

   3) jiào   4) míngzi

2. 1) guì   2) nǎ

   3) Hánguó   4) bú shì

3. 1) ❷   2) ❶

쓰기 ✏️
p.42

1. 1) 姓, 叫   2) 贵   3) 哪

2. 1) 你叫什么名字?

   2) 他姓什么?

   3) 认识你, 很高兴!

확인 🔍
p.43

1. 1) B   2) D   3) A   4) C

2. 1) D   2) C   3) A   4) B

UNIT 04

我要一杯美式咖啡。
아메리카노 한 잔 주세요.

본문 해석

회화 1 💬
p.48

售货员 무엇을 드릴까요?

李秀英 아메리카노 한 잔은 얼마예요?

售货员 30위안이에요.

李秀英 두 잔 주세요.

회화 2 💬 p.50

马克　너 뭐 먹을래?

宋丽丽　나는 국수 먹을래. 너는?

马克　　나는 만두 먹을래. 너 뭐 마실래?

宋丽丽　나는 푸얼차 마실래.

듣기 🎧 p.52

녹음

1. 1) 吃　　　　　　2) 喝
　 3) 什么
2. 1) 面条　　　　　2) 饺子
　 3) 多少　　　　　4) 两杯
3. 1) A: 你喝什么?
　　　 B: 我喝谱洱茶。
　 2) A: 你要什么?
　　　 B: 来一个面条。

1. 1) chī　　　　　2) hē
　 3) shénme
2. 1) miàntiáo　　　2) jiǎozi
　 3) duōshao　　　4) liǎng bēi
3. 1) ❸　　　2) ❷

쓰기 ✏️ p.54

1. 1) 喝　　2) 什么　　3) 杯　　　4) 来
2. 1) 你吃什么?
　 2) 我要一瓶可乐。
　 3) 来两杯美式咖啡。

확인 🔍 p.55

1. 1) D　　2) A　　3) B　　4) C
2. 1) C　　2) D　　3) B　　4) A

UNIT 05

她在医院工作。
그녀는 병원에서 일해요.

본문 해석

회화 1 💬 p.60

李秀英　너희 집은 몇 식구야?

朴大韩　우리 집은 네 식구야.

李秀英　모두 누구야?

朴大韩　아빠, 엄마, 누나 한 명, 그리고 나야.

회화 2 💬 p.62

李秀英　네 누나는 무슨 일을 하셔?

朴大韩　누나는 의사야. 그녀는 병원에서 일해.

李秀英　그녀는 올해 몇 살이야?

朴大韩　스물여덟 살이야.

듣기 🎧 p.64

녹음

1. 1) 都　　　　　　2) 多
　 3) 岁
2. 1) 有　　　　　　2) 和
　 3) 工作　　　　　4) 年纪
3. 1) A: 你家有几口人?
　　　 B: 我家有五口人。
　 2) A: 她做什么工作?
　　　 B: 她是医生。

1. 1) dōu　　　　　2) duō
　 3) suì
2. 1) yǒu　　　　　2) hé
　 3) gōngzuò　　　4) niánjì
3. 1) ❷　　　2) ❸

쓰기 ✏️ p.66

1. 1) 工作　　2) 多　　　3) 岁　　　4) 口
2. 1) 你有几个妹妹?
　 2) 她不是医生，她是老师。
　 3) 你妈妈多大年纪?

확인 🔍 p.67

1. 1) D　　　2) B　　　3) C　　　4) A
2. 1) B　　　2) D　　　3) A　　　4) C

UNIT 06

你几点起床?

당신은 몇 시에 일어나세요?

본문 해석

회화 1 💬 p.72

朴大韩　너는 매일 몇 시에 일어나니?
宋丽丽　나는 6시 반에 일어나.
朴大韩　지금 몇 시야? 몇 시 수업이야?
宋丽丽　지금 7시 45분이야. 8시 수업이야.

회화 2 💬 p.74

宋丽丽　저녁에 너 뭐 하니?
朴大韩　나는 중국어 공부해.
宋丽丽　네 생각에는 중국어가 어렵니?
朴大韩　내 생각에는 중국어가 그다지 어렵지 않아.

듣기 🎧 p.76

녹음

1. 1) 六点半　　　　　2) 两点一刻
　　3) 差一刻十点
2. 1) 我早上六点一刻起床。
　　2) 我晚上十一点三刻睡觉。
　　3) 他差十分九点去上课。
3. 1) A: 晚上你做什么?
　　　 B: 我去看电影。
　　2) A: 周末你几点起床?
　　　 B: 我八点起床。
　　3) A: 你觉得汉语难吗?
　　　 B: 我觉得汉语不太难。

1. 1) 6시 30분　　　2) 2시 15분
　　3) 9시 45분
2. 1) ❸　　　2) ❶　　　3) ❷

---

3. 1) O　　　2) O　　　3) X

쓰기 ✏️ p.78

1. 1) 差　　　2) 点　　　3) 做　　　4) 觉得
2. 1) 你每天几点起床?
　　2) 我差一刻八点上班。
　　3) 我觉得汉语不太难。

확인 🔍 p.79

1. 1) C　　　2) A　　　3) D　　　4) B
2. 1) B　　　2) A　　　3) D　　　4) C

UNIT 07

今天几月几号?

오늘은 몇 월 며칠입니까?

본문 해석

회화 1 💬 p.84

李秀英　오늘 몇 월 며칠이야?
马克　　6월 9일이야.
李秀英　오늘 무슨 요일이야?
马克　　목요일이야.

회화 2 💬 p.86

马克　　네 생일은 몇 월 며칠이야?
李秀英　11월 14일이야. 너는?
马克　　오늘이 바로 내 생일이야.
李秀英　정말? 생일 축하해!

듣기 🎧 p.88

녹음

1. 1) 生日　　　　　2) 星期
　　3) 今天　　　　　4) 快乐
2. 1) 几　　　　　　2) 月
　　3) 号　　　　　　4) 十
3. 1) 今天九月十七号。
　　2) 今天星期五。
　　3) 九月二十六号去中国。

1. 1) shēngrì   2) xīngqī
   3) jīntiān   4) kuàilè
2. 1) jǐ   2) yuè
   3) hào   4) shí
3. 1) O   2) X   3) X

쓰기 📝   p.90

1. 1) 几, 几   2) 就   3) 祝   4) 星期
2. 1) 明天不是星期四。
   2) 你的生日是几月几号?
   3) 祝你生日快乐!

확인 🔍   p.91

1. 1) B   2) A   3) D   4) C
2. 1) D   2) C   3) A   4) B

UNIT 08

你有微信吗?

당신은 위챗이 있나요?

본문 해석

회화 1 💬   p.96

朴大韩   너는 위챗 있어?
马克   있지. 내 위챗 아이디 너에게 알려 줄게.
朴大韩   너 블로그 있어?
马克   블로그도 있어. 너 시간 있을 때, 와서 한번
           봐봐.

회화 2 💬   p.98

李秀英   네 휴대폰 번호는 몇 번이야?
宋丽丽   내 휴대폰 번호는 133-6372-9541이야.
李秀英   이번 주 토요일에 내가 너에게 전화 할게.
宋丽丽   알겠어.

회화 3 💬   p.100

朴大韩   너는 어디에 사니?
马克   나는 학교 기숙사에 살아.
朴大韩   몇 층? 방은 몇 호야?
马克   9층, 208호실이야. 놀러 오는 걸 환영해.

듣기 🎧   p.102

녹음

1. 1) 电话   2) 号码
   3) 首尔   4) 手机
   5) 房间   6) 学校
2. A: 你的手机号码是多少?
    B: 我的手机号码是133-6148-0527。
3. 1) 这个星期六晚上我给你打电话。
   2) 我住学校宿舍。
   3) 我的微信网名告诉你吧。

1. 1) diànhuà   2) hàomǎ
   3) shǒu'ěr   4) shǒujī
   5) fángjiān   6) xuéxiào
2. ❷
3. 1) ❸   2) ❶   3) ❷

쓰기 📝   p.104

1. 1) 告诉   2) 时间   3) 多少   4) 住
2. 1) 你有没有博客?
   2) 明天我给你打电话。
   3) 欢迎你来我家玩儿。

확인 🔍   p.105

1. 1) B   2) C   3) D   4) A
2. 1) D   2) C   3) B   4) A

UNIT 09

我请客。

제가 한턱낼게요.

본문 해석

회화 1 💬   p.110

马克   점심에 우리 뭐 먹을까?
宋丽丽   네가 말해 봐. 네 말대로 할게.
马克   중국 음식점 가서 밥 먹자. 어때?
           내가 한턱낼게.
宋丽丽   좋아.

회화 2 💬 p.112

宋丽丽 너 밥 먹었니?

李秀英 나는 아직 안 먹었어.

宋丽丽 나는 마라샹궈 만들 줄 알아. 내가 너에게 해 줄게.

李秀英 정말? 나는 자차이도 좋아해.

회화 3 💬 p.114

朴大韩 너는 베이징 오리구이 먹어 본 적 있니?

李秀英 나는 아직 안 먹어 봤어.

朴大韩 오리구이는 베이징의 유명한 음식이야. 맛있다구.

李秀英 우리 가서 맛을 보아야 해.

듣기 🎧 p.116

녹음

1. 1) 请客   2) 喜欢
   3) 好吃   4) 烤鸭
   5) 餐厅   6) 名菜

2. 1) 北京烤鸭真好吃。
   2) 我很喜欢吃麻辣香锅。
   3) 咱们吃日本菜吧。

3. 1) 去韩国餐厅吃饭吧。今天我请客。
   2) 我还没去过中国。
   3) 我会做中国菜。

1. 1) qǐngkè   2) xǐhuan
   3) hǎochī   4) kǎoyā
   5) cāntīng   6) míngcài

2. 1) O   2) X   3) O

3. 1) ❷   2) ❸   3) ❶

쓰기 📖 p.118

1. 1) 请客   2) 过   3) 还   4) 应该

2. 1) 你说吧。我听你的。
   2) 我给你做麻辣香锅。
   3) 烤鸭是北京的名菜。

확인 🔍 p.119

1. 1) B   2) A   3) C   4) D

2. 1) C   2) D   3) A   4) B

UNIT 10

请问，百货商店在哪儿?

실례지만, 백화점은 어디에 있어요?

본문 해석

회화 1 💬 p.124

朴大韩 실례지만, 백화점은 어디에 있나요?

路人 왕푸징에 있어요.
　　　왕푸징은 베이징의 유명한 곳 중 하나예요.

朴大韩 여기에서 먼가요?

路人 멀지 않아요.

회화 2 💬 p.126

朴大韩 내일 너는 어디 가니?

李秀英 나는 천안문에 가.

朴大韩 너는 뭐 타고 가?

李秀英 나는 버스 타고 가.
　　　시간이 너무 늦었어. 우리 빨리 가자.

회화 3 💬 p.128

宋丽丽 너는 공항에 어떻게 가니?

朴大韩 나는 택시 타고 공항에 가.

宋丽丽 얼마나 걸려?

朴大韩 대략 1시간 걸려.

듣기 🎧 p.130

녹음

1. 1) ❶ jīcháng   ❷ jǐcháng   ❸ jīchǎng
   2) ❶ qìchā   ❷ qìchē   ❸ qǐchē
   3) ❶ shíjiān   ❷ shìjiàn   ❸ shèjiàn

2. 1) 我去百货商店。
   2) 他打的去学校。
   3) 机场离这儿不太远。

3. 1) 我坐331路车去。
   2) 他打的去王府井。
   3) 我坐飞机去中国。

1. 1) ❸   2) ❷   3) ❶

2. 1) O   2) X   3) O

3. 1) ❸   2) ❶   3) ❷

쓰기 ✏️
p.132

1. 1) 请问　　2) 离　　3) 坐　　4) 要

2. 1) 你怎么去机场?
　 2) 超市离这儿远吗?
　 3) 大概要一个小时。

확인 🔍
p.133

1. 1) C　　2) A　　3) D　　4) B
2. 1) B　　2) D　　3) A　　4) C

UNIT **11**

这个多少钱?

이거 얼마예요?

본문 해석

회화 1 💬
p.138

朴大韩 겨울이야. 나는 옷을 사고 싶어.

李秀英 나도 물건 사야 해.

朴大韩 우리 언제 갈까?

李秀英 토요일에 가자. 어때?

朴大韩 좋아. 그렇게 하자.

회화 2 💬
p.140

朴大韩 나는 이 스웨터가 좋아요.
　　　 한 벌에 얼마예요?

售货员 300위안이에요.

朴大韩 조금 비싸네요. 좀 더 싸게 해 주세요.

售货员 미안해요! 우리는 할인하지 않아요.

회화 3 💬
p.142

李秀英 딸기 어떻게 파나요?

售货员 한 근에 30위안이에요. 얼마나 드릴까요?

李秀英 두 근 주세요.

售货员 다른 거 필요하신가요?

李秀英 아니요.

듣기 🎧
p.144

녹음

1. 1) A: 这件衣服多少钱?
　　　 B: 三百八。
　 1) A: 橘子多少钱一斤?
　　　 B: 九块钱。

2. 1) A: 打几折?
　　　 B: 八八折。
　 2) A: 这件毛衣多少钱?
　　　 B: 两百五。
　 3) A: 这件衣服可以打折吗?
　　　 B: 打八折。

3. 1) A: 太贵了。便宜一点儿吧。
　　　 B: 不行。
　 2) A: 香蕉怎么卖?
　　　 B: 八块一斤。你要多少?
　 3) A: 我想喝咖啡。
　　　 B: 我也要喝。

1. 1) 380元　　　　　2) 9元
2. 1) O　　2) X　　3) O
3. 1) ❶　　2) ❸　　3) ❷

쓰기 ✏️
p.146

1. 1) 有点儿　　　　2) 多少
　 3) (一)点儿　　　 4) 还

2. 1) 我喜欢这件衣服。
　 2) 我们这儿不打折。
　 3) 草莓怎么卖?

확인 🔍
p.147

1. 1) B　　2) A　　3) D　　4) C
2. 1) D　　2) C　　3) B　　4) A

UNIT 12

我请你来我家吃饭。

당신을 우리 집으로 식사 초대하려고 해요.

본문 해석

회화 1 💬
p.152

宋丽丽 이번 주 토요일에 너 시간 있어?

朴大韩 오후에 도서관에 가서 책 볼 거야.
저녁에는 시간 있어.

宋丽丽 너 우리 집으로 식사 초대할게.

朴大韩 뭘 그렇게까지. 정말 쑥스럽네.

회화 2 💬
p.154

宋丽丽　　환영해. 여기에 앉아.

朴, 马, 李　고마워!

宋丽丽妈妈　너희들 어떤 음식 좋아하니?

宋丽丽　　나는 너희들이 훠궈를 좋아한다는 걸 알아.

马克　　　우리 먼저 술 마시자.

朴大韩　　자! 우리의 우정을 위해 건배!

宋, 马, 李　건배!

회화 3 💬
p.156

宋丽丽妈妈　많이 먹으렴, 집처럼 편안하게.

朴, 马, 李　잘먹겠습니다.

宋丽丽　　이 음식 맛은 어때?

朴大韩　　맛있어.

李秀英　　너는 왜 안 먹어?

宋丽丽　　나는 배가 불러. 너희들 천천히 먹어.

듣기 🎧
p.158

녹음

1. 1) 时间　　　　　2) 吃饱
   3) 欢迎　　　　　4) 友谊
   5) 味道　　　　　6) 火锅

2. 1) A: 这星期天你有空儿吗?
       我请你来我家吃饭。
      B: 真不好意思! 星期天我没有时间。
   2) A: 来，为学习进步干杯!
      B: 干杯!
   3) A: 欢迎欢迎。请坐这儿。
      B: 谢谢。

3. 1) A: 你怎么不吃了?
      B: 我吃饱了。你们慢慢吃。
   2) A: 这个菜味道怎么样?
      B: 非常好吃。
   3) A: 你喜欢吃什么菜?
      B: 我喜欢吃北京烤鸭。

1. 1) shíjiān　　　　2) chībǎo
   3) huānyíng　　　4) yǒuyì
   5) wèidao　　　　6) huǒguō
2. 1) O　　2) O　　3) X
3. 1) ❷　　2) ❸　　3) ❶

쓰기 ✏️
p.160

1. 1) 先　　2) 为　　3) 味道　　4) 饱
2. 1) 我请你来我家吃饭。
   2) 我知道他们喜欢吃火锅。
   3) 请多吃点儿。别客气。

확인 🔍
p.161

1. 1) C　　2) D　　3) B　　4) A
2. 1) D　　2) C　　3) B　　4) A

memo

memo

memo